高职院校管理研究与实践

李文莲　著

北京理工大学出版社
BEIJING INSTITUTE OF TECHNOLOGY PRESS

内 容 提 要

本书基于我国高职院校实践教学全面质量管理重要性的分析，从教学管理目标、质量管理制度、质量评估与分析等方面对高职院校实践教学的安全质量管理进行了探索，系统阐述了高职教学管理与实践的意义、基层组织模式的构架、教学运行过程与决策、高职课程体系的改革等问题。全书共八章，主要内容包括高职院校教学管理研究与实践、高职院校学生管理研究与实践、高职院校人力资源管理研究与实践、高职院校资产和财务管理研究与实践、高职院校实训基地运营管理研究与实践、高职院校信息化管理研究与实践、高职院校安全管理研究与实践、新时代高职院校管理研究与实践等。

图书在版编目（CIP）数据

高职院校管理研究与实践 / 李文莲著.—北京：北京理工大学出版社，2020.9
ISBN 978-7-5682-9056-2

Ⅰ.①高… Ⅱ.①李… Ⅲ.①高等职业教育－高校管理－研究－中国 Ⅳ.①G718.5

中国版本图书馆CIP数据核字（2020）第175747号

出版发行 / 北京理工大学出版社有限责任公司
社 址 / 北京市海淀区中关村南大街5号
邮 编 / 100081
电 话 / （010）68914775（总编室）
（010）82562903（教材售后服务热线）
（010）68948351（其他图书服务热线）
网 址 / http://www.bitpress.com.cn
经 销 / 全国各地新华书店
印 刷 / 天津久佳雅创印刷有限公司
开 本 / 710毫米×1000毫米 1/16
印 张 / 12
字 数 / 184 千字
版 次 / 2020年9月第1版 2020年9月第1次印刷
定 价 / 52.00元

责任编辑 / 李慧智
文案编辑 / 李慧智
责任校对 / 周瑞红
责任印制 / 边心超

前　言

PREFACE

管理是人类社会特有的现象，大到一个世界、一个国家，小到一所学校、一个企业、一家医院甚至一个家庭，都离不开管理。法国管理学家亨利·法约尔提出，“管理就是实行计划、组织、领导、指挥、协调和控制”等职能。马克思指出：一切规模较大的直接劳动或共同劳动，都或多或少地需要指挥，以协调个人的活动，完成由各种生产总体运动——不同于这一总体的独立器官的劳动——所产生的各种一般职能……提琴独奏演员可以独展所长，一个乐队则需要指挥的协调。高职院校是通过教师团队的知识与技能传授，行政后勤人员的管理服务，以及校园环境潜移默化的影响，来实现高素质技术技能人才培养的目的。可见，高职院校人才培养不是个人的提琴独奏，而是众人协作的交响乐。没有指挥，交响乐将会嘈杂刺耳。离开管理，高职院校定将寸步难移，更遑论学校的改革与发展。

我国的高职院校管理是随着我国高职教育的快速发展而形成的时代课题。大多数高职院校是在20世纪初由中专学校升格而成，高职院校管理或多或少地沿袭了中专学校管理理念与模式，这与高职教育的“高等性”很不协调。为了体现这种“高等性”，部分高职院校便生搬硬套地模仿普通本科院校的管理理念与模式，这种管理又弱化了“职业性”教育特征。高职院校在“沿袭”与“模仿”中艰难探索管理之道。2015年教育部印发了《职业院校管理水平提升行动计划（2015—2018 年）》，提出要“加快实现学校治理能力现代化”，为高职院校管理能力建设指明了方向与路径。通过实施三年行动计划，高职院校普遍建立了学校章程，通过章程的制定与实施，大多数高职院校逐渐探索构建起了适应学校发展与高职教育特征的管理体系。

2019 年，国务院印发的《国家职业教育改革实施方案》提出：“经过 5 ～ 10 年左右时间，职业教育基本完成由政府举办为主向政府统筹管理、社会多元办学的格局转变，由追求规模扩张向提高质量转变，由参照普通教育办学模式向企业社会参与、专业特色鲜明的类型教育转变，大幅提升新时代职业教育现代化水平，为促进经济社会发展和提高国家竞争力提供优质人才资源支撑。”与此同时，2019 年《政府工作报告》提出高职院校扩招 100 万，2020 年《政府工作报告》明确提出 2020 年、2021 年高职扩招 200 万。质量建设与高职扩招形成的“高质量扩招”新命题，给高职院校管理带来了新的挑战与机遇。解决“高质量扩招”带来的高职院校管理新问题，成为当前高职院校必须下大力气解决的时代新课题。在这样的时代背景下，结合自己 7 年多的高职院校党委书记履职经验，本人试图深入分析高职院校管理系统及其现状，积极思考高职院校管理改革方向与方法，以期抛砖引玉，促进新时代高职院校管理理论与实践迈上新台阶。

本书致力于高职院校管理理论的系统构建，主要涉及教学管理、学生管理、人力资源管理、资产和财务管理、实训基地运营管理、信息管理、安全管理及新时代高职院校管理等方面，试图全方位探索构建高职院校管理理论体系，服务新时代高职教育质量发展与现代治理能力现代化建设。由于内容涉及面广，调研思考不够充分，书中难免出现一些不足之处，衷心欢迎读者批评指正。在成书过程中，得到了许多专家、学者的大力支持，许多管理部门的同志在理论构建上提出了很好的建议；同时，还借鉴参考了大量国内外专家学者的理论研究成果。在此，一并表示衷心感谢！

著　者

目　录

CONTENTS

第一章　高职院校教学管理研究与实践

2019年3月18日，习近平总书记在主持召开学校思想政治理论课教师座谈会上强调："新时代贯彻党的教育方针，要坚持马克思主义指导地位，贯彻新时代中国特色社会主义思想，坚持社会主义办学方向，落实立德树人的根本任务，坚持教育为人民服务、为中国共产党治国理政服务、为巩固和发展中国特色社会主义制度服务、为改革开放和社会主义现代化建设服务，扎根中国大地办教育，同生产劳动和社会实践相结合，加快推进教育现代化，建设教育强国，办好人民满意的教育，努力培养担当民族复兴大任的时代新人，培养德智体美劳全面发展的社会主义建设者和接班人。"这一指示科学精辟地解决好了"培养什么人、怎样培养人、为谁培养人"这个根本问题。高职院校肩负着培养面向生产、建设、服务和管理第一线需要的高素质技术技能人才的使命，必须紧紧围绕"培养什么人、怎样培养人、为谁培养人"来推进教育管理实践。高职院校管理工作涉及各个方面，但居于核心地位的教学管理，在落实党的教育方针中起着重要的作用。

第一节　高职院校教学管理工作概述

高职院校的教学管理工作是指教学管理者遵循高职教育的教学规律和教育方针，运用现代教学理论和现代管理理论，采用科学有效的管理方法和技术，发挥决策、计划、组织、控制、服务、参谋和创新等具体管理职能，使自己的教学活动达到既定目标的活动过程。

一、教学管理的基本内涵

教学管理是在管理理论和教学理论原理的基础上，运用科学的管理和教学方法，充分发挥教学管理者的计划、组织、协调、控制等管理职能，对教学过程的各个环节和各个要素加以统筹协调，使之有序运行并不断提高效能的过程。

培养社会主义建设的人才有多种途径，如教学、科研、生产劳动、社会实践活动等，但学生只有在校期间才能系统地学习政治理论和科学知识，进行思想品德教育，而且在学习各门课程的同时，也可以形成一定的世界观和方法论。

由此可见，教学是学校培养人才最基本的途径，教学管理也是学校各项管理工作中最重要的一项工作。在教育过程中，教育行政部门和学校共同承担着教学管理的工作，它涉及过程管理、业务管理、质量管理和监控管理。

1．过程管理

教学过程是根据教育方针的要求和一定的社会需求，以教学目标为导向，以学生的身心发展规律为依据，由教师教学与学生学习共同组成的双边活动过程。这一过程包含教师、学生、教学内容和教学手段等要素。

其中，教师是教学过程的主导因素，引导学生学习；学生是教学过程的主体，也是学习的主体；教学内容和教学手段是教学过程中的客观因素，也是教师和学生发挥各自作用的物质载体。教师的教学过程由课前备课、课堂教学、课外辅导、作业批改和教学评价五个基本环节组成。学生的学习过程由课前预习、课堂听课、复习巩固、应对考试、掌握知识和应用知识六个基本环节组成。教学过程管理是指教学管理者根据教学过程的规律，确定教学工作的顺序，制订教学工作的计划，通过策划、娱乐、检查、总结等方式实现既定教学目标的活动过程。

2．业务管理

教学业务管理是对学校教学业务工作的各个环节所进行的有计划、有组织的管理活动，是学校教学管理工作的重要组成部分，决定着学校教学管理的水平。在教学业务管理方面应做以下四个方面的管理工作：

（1）组织工作。一方面要建立有效的教学组织机构，建立健全二级学院教学管理组织，建立完善校院二级教学管理体制机制；另一方面要建立和健全教学管理规章制度，即修订或制定一些有关教学方面的规章制度，如备课、上课、听课、评课等标准及具体规定和要求等。这对规范教学人员的行为，调动教师积极性，提高教师队伍素质和教学质量可起到保证作用。

（2）培训工作。想要完善学校教学业务管理，提高教学管理队伍（特别是教师）的业务水平，学校或教育行政部门需要定期举办各类教师培训班。例如，新入职教师的岗前培训；综合活动课的实验培训；“三教”改革背景下课程建设培训；老教师的信息技术培训等。

（3）指导工作。上一级教学管理者需要根据工作目标、管理计划，对下一级管理者的管理能力和业务管理水平进行指导、点拨、帮助。

（4）协调工作。教学管理者在教学工作计划制订和实施的过程中，要本着减少内耗，提高效能的原则，协调好教学管理系统内与外、组织与组织、组织和个人、个人和个人之间的关系。

3．质量管理

教学质量管理是学校为保证培养社会需要的人才，促使教学效果达到课程计划、课程标准和教育目标所规定的要求，对教学过程和效果进行指导、控制的活动。教学质量管理是学校教学管理工作的中心任务和核心内容。

学校教学质量管理的一般程序如下：

（1）确定教学质量的标准。依据教学目标，将其拆分成一个个小任务，并使之具体化、细节化。

（2）进行教学质量管理检查和评价。通过与确定的教学质量标准对照比较，对教学工作计划实施的进展和效果、教学规章制度的执行情况、教学工作的质量分析、各级教学管理组织机构及其管理人员发挥管理职能作用的情况等进行检查和评价，从而发现问题，改进教学工作。

（3）进行教学质量分析。根据在检查过程中出现的问题找出解决和改进教学工作的途径与方法。

（4）进行教学质量控制。教学质量控制就是依据教学质量分析的结果，科学有效地实施教学质量改进措施的过程。

4．监控管理

教学监控可分为教学质量监控和教学过程监控两部分。即根据课程标准和教材对教学的要求，对教学过程进行监测和检查的过程，从而找出反映教学质量的资料和数据，发现教学中存在的问题，分析产生问题的原因，提出纠正存在问题的建议，促进教学质量的提高，促进学生学习水平的提高和教师的专业发展，保证素质教育方针的落实。简而言之，监控是过程，评价是结果，目的是促进。

二、高职院校教学管理的特点

高职教育是不同于普通高等教育的综合教育体系，其具体特点是：面向基层，面向生产服务第一线，在教育目的上以培养社会需要的实用型人才为主；在专业设置上保持灵活性，根据当前的就业前景和社会需求及时进行调整；在教学内容上以成熟的技术和管理规范为主，根据职业能力而非学科要求来设置教学计划和课程，实训比例较大且注重与企业结合。

高职院校教学管理必须从高职教育的特点出发，反映高职教育各个特点的要求。因此，高职院校教学管理的目标是培养技能型和应用型的人才，教学管理的重点是教学质量，其特点具体表现为以下几点：

1．思想性

（1）遵循教学原则。高职院校的一切教学管理工作都是为提高教学质量做准备的，教学管理工作必须要遵循教学原则。教学原则不仅反映了教学的客观规律，而且对加强高职院校教学管理，科学有效地进行教育教学工作，提高学校的教学质量水平有着十分重要的作用。

高职院校教学管理工作需要遵循的教学原则有以下四种：

①知识、能力、素质三个方面协调发展的原则。该原则符合社会主义初级阶段对各级各类教育的要求，培养既有良好的基础理论知识又有较强的技术应用能力的高职院校学生，在此基础上还需要有健康的身心、良好的思想品质和职业道德，促进学生德、智、体、美、劳等方面的全面协调发展。

②教师主导作用和学生主体作用相结合的原则。“三教”改革（教师、教材、教法改革）强调学生在教学过程中的主体地位，教师虽然在学生的学习过程中起主导作用，但这只是外在因素。学生的内在因素更加重要，其知识和能力的提高需要靠其自身的自觉性、主动性和创新性。只有外在和内在因素结合起来，学生才能逐渐培养出分析问题、解决问题的能力，才能学会生存和与时俱进。

③学生的共性与个性相统一的原则。学生大多处在相近或类似的身心发展阶段，有着共同的身心发展特点，学校对他们的培养目标也具有相应的共性。但学生由于专业、地域、成长经历等方面的不同存在着鲜明的个性差异，教学和教学管理需要因材施教，遵循学生的身心发展规律，使他们在不同的专业和领域发光发热，成为各行各业需要的高等技术应用型人才。

④实用性和创造性相统一的原则。高职院校所要求培养的复合型技术技能人才不仅要有知识、技术，还要有智慧和创造力。专业技术人才的本质在于创新，在国家创新驱动发展战略的大背景下，高职院校教学管理工作也要注重培养学生运用知识分析问题，举一反三，发明创造的本领，使学生达到实用性和创造性相统一的目标。

（2）坚持正确方向。高职院校教学管理要坚持正确的方向，在国家政策方针的指导下进行教育教学管理工作。以国家的教育方针和培养目标为最高标准，贯彻党的教育方针，培养拥护党的领导，适应中国特色社会主义建设第一线需要的德、智、体、美、劳全面发展的复合型技术技能人才。遵守国家的法律法规，在教学管理过程中严格遵守国家颁布的有关职业教育等方面的法规和制度。另外，教学管理作为高职院校管理中的一个重要方面，还应当遵守学校的相关制度，与学校的发展方向和战略方针保持统一。

（3）讲究管理的最佳效果。高职院校的教学管理工作要讲究管理的最佳效果。教学管理者在教学管理的整个过程中，力求以最小的投入收获最大的利益，协调和平衡好专业人才培养方案的制定、课程设置的组织与实施、教学运行管理和教学质量管理等环节之间的关系，从而达到整个教学管理系统的最优化，提高学校的教育教学质量。

（4）以人为本。高职院校的教学管理要求遵循“以人为本”的宗旨。在管理中，人是最重要的因素，要做到“以人为本”，就需要在教学管理过程中实行民主管理。处理好教学管理者与其他教职工之间的关系，发挥教职工的主动性，鼓励他们参与校园决策和人才培养方案的制定，形成教学管理者和教职工相互激励、相互监督，共同促进学校教学管理工作有序进行的合力。

2. 计划性

高职院校教学管理的最终目标是培养符合社会发展需要的复合型技术技能人

才。在整个教学管理过程中都要以这个目标为中心来进行，通过人才预测了解各行各业对人才数量的需求和人才质量的要求，从而清晰地确定学校的人才培养目标，制定符合实际要求的人才培养方案和课程标准，对学校的教学管理工作围绕预测结果做出相应的调整和改革。

高职院校要想取得长远稳定的发展必须有正确的发展规划，并将这一规划划分成长期、中期和短期的目标，提前确定达到该目标的具体步骤和方法，打有准备的仗。教学管理工作的方向性和学校的发展规划是绝对一致的，高效率的教学管理工作能够促进学校规划超前完成。

高职院校教学管理工作的计划性更体现在人才培养方案的管理上。人才培养方案指导着学校的整个教学工作，其内容和要求体现了高职院校培养人才和模式的特征，对教学体系和结构起着决定性的作用。在人才培养方案管理的过程中，需要保证管理工作的内容、进程和质量等与学校管理的总目标相统一，为提高学校教学质量，稳定教学秩序打好基础。

3．质量性

质量问题是价值判断的重要标准。高职院校需要“以质量求生存，以质量求发展”。高职院校在教学管理工作中需要形成独具特色的质量观，了解学校教育教学的质量标准，明晰学校所培养的职业性人才的质量标准，即培养有着专业基础理论知识，具备较强技能和解决问题的能力，有良好的职业道德、个人素质和健康身心的复合型技术技能人才。

4．市场性

近年来，随着改革开放的逐渐深入，高职院校的市场化成了新时代高等职业教育的新趋势。在此背景下，将市场竞争机制引入高职院校的教学管理工作中，使学校培养的人才满足当前劳动力市场的需要。市场性主要表现为以下三个方面：

（1）产学合作教育模式。产学合作教育是一种将学校和企业的教育环境和教育资源结合起来，有机融合课堂教学和学生参与工作两个环节，提高学生的全面素质、综合能力和就业竞争力，培养不同行业需要的技术应用性人才的新型教育模式。产学合作合理利用不同的教育资源，有利于学生提早熟悉和适应社会环境，帮助他们将学习到的理论知识和实践工作有机结合起来。

（2）灵活设置专业与课程。高职院校具有职业定向的特性，不同职业的学生会选择不同的专业，学习不同的课程。因此，高职院校教学管理工作在专业和课程设置时要充分考虑到这一点，针对新时代就业前景较好或者急需人才的社会职业岗位来设置，兴办促进当地经济建设和社会发展的专业与课程，体现职业性和地方性，从而达到专业与课程的适应性和灵活性。

（3）引入教师专业人才市场机制。教师是高职院校教学管理工作的主力军，在教育教学工作和管理过程中起主导作用。将市场竞争机制运用到师资队伍的管理中，能够激励教师努力工作，主动提高工作效率。教师专业人才市场是指大力培养职业化的教师，并以市场机制进行调节的人才市场。在这样的人才市场机制下，有能力、有斗志的教师能够得到快速提升和更高的报酬，能力低、缺乏上进心的教师只能得到较低的回报，这就是教学管理工作市场性的体现。

5．实训性

高职教育与普通高等教育最大的区别是它以培养学生的实践能力为重点，这就决定了高职院校教学过程需要大大突出实践性环节，加强对学生的高层次岗位技能训练，使学生能够“学以会用”和“学以致用”。因此，高职院校必然会设置大量的专业实训课和模拟实训室，通过实操训练提高学生的实践能力，高职院校也要加强对实训基地的管理和监控。

教学管理工作的实训性还体现在专业理论型教师和行业技术型教师队伍的建设上。另外，每一位教师也要提高自己知识结构的实践性，既要有充足的专业知识储备，又要有具备较强的专业技能，在理论和实践方面都能够引导与帮助学生进步。

第二节　高职院校教学质量管理工作

教学质量管理是高职院校教学管理工作的核心内容和中心任务，加强高职院校教学质量管理对培养社会主义现代化建设需要的复合型技术技能人才具有重要的意义。教育部《关于全面提高高等职业教育教学质量的若干意见》（教高〔2006〕16号）明确指出：“高等职业院校要强化质量意识，尤其要加强质量管理体系建设，重视过程监控，吸收用人单位参与教学质量评价，逐步完善以学校为核心、教育行政部门引导、社会参与的教学质量保障体系。”加强教学质量管理既是国家提高高职教育质量的战略部署，也是高职院校适应时代变化和市场需求，提高自身教育教学水平的必由之路。

一、高职院校教学质量管理工作现状

改革开放以来，随着国民经济水平的不断提高和社会的不断发展，社会主义现代化建设对于人才的需求不再仅仅停留在学术研究上，更加注重理论知识和实践技能兼备。高职教育因此应运而生，各行各业对于高职毕业生的需求量也逐渐增大。

然而，由于高职院校招生规模扩张过于迅速，导致经费、设备等硬件设施和师资、教学观念等软件内设跟不上发展的速度，高职院校教学质量呈现种种问题。自此，人们才认识到高职教育教学质量管理的重要性，认识到提高教育教学质量，做好教学质量管理工作是发展高等职业教育的核心任务。以下是目前高职院校在教学质量管理方面的现状及存在的问题。

1．没来得及创新的教学观念和教育教学质量观念

高职院校的教师多数来自原来的中专学校，少数来自普通的高等院校，逐年增加新入职的大学生、研究生，他们往往受到传统的教学观念和教育教学质量观念的影响，习惯于将理论知识的掌握程度作为衡量教学质量的主要标准。这一问题具体表现在以下几个方面：

（1）高职院校中存在大量重知识轻能力、重书本轻实践、重教师轻学生等问题。

（2）教学管理者及教师对“教育教学质量”的理解十分片面和浅显，他们往往认为质量只和单纯的教学活动有关，却忽略了高职教育其他过程和环节的教育教学质量也十分重要。

（3）高职院校在教学管理过程中都比较重视专业和课程的建设，但对于学生在教学活动中的主体地位、教学学习的质量以及校园基础设施和校园文化的建设却不够重视。

2．对教学服务质量不够重视

提高教育教学的服务质量是当前高职教育值得研究的一个重要课题，服务育人理念也正在逐渐渗透到教书育人的过程中。以往高职院校的服务多由后勤、管理部门和校园环境等来提供，但要保证教学服务质量必须做到各方面的有机结合和各司其职。除营造良好的校园学习和生活环境外，教学管理还需要树立服务意识，做到服务学生、教师和教学活动本身，促进教师潜心施教、学生认真学习，在服务方面提高教学质量，实现高质量人才的培养。但目前一些高职院校对教学的服务质量还没有足够的认识，未能建立完整的服务评价体系，服务意识薄弱，对师生都未能做到到位的服务，这严重影响了高职院校的教育教学质量。

3．教学改革步伐缓慢

时代在不断进步和发展，一些高职院校却还故步自封，难以摒弃陈旧的教学模式和教学观念。教师们照本宣科，学生们死记硬背，实验和实训仅仅停留在黑板上和教室中，学生靠想象“实践”课本上学到的理论知识，这必然导致所学知识和生产实际的脱节，不仅难以激发学生学习的积极性、主动性，而且无法推动学生创新精神的培养，无法凸显高职院校在专业实训和生产实习方面的特色与优势。

高职院校需要尽快更新教育教学理念，加大教学改革步伐，深刻认识到高职教育的内涵和特点，深化高职院校的人才培养模式改革，注重培养高职学生的实践性和创造性，提高高职人才和企业需求的适配度，充分发挥高职院校职业教育的优势。

4．未能建立高职院校教师专业培训的长效机制

高职院校绝大部分教师是从学校到学校，他们常常重理论轻实践，对学生的实践能力和创造能力不够重视。但高职院校所需要的合格专业教师不仅需要像普通高等院校教师一样需要具有扎实的理论知识，还需要具备相当娴熟的实践技能和技术水平，即所谓的“双师”素质。然而事与愿违，高职院校教师目前的现状却存在诸多问题：如一些刚出校门的青年教师，自己还处于刚从象牙塔中迈向社会的阶段，缺乏生产实践经验；再如一些老教师虽有企业实践经历，但因为脱离企业的时间太长，他们陈旧的经验和技术储备已经不能应对本专业对新技术和技能的需求。种种现状表明，对教师进行专业知识和技能培训必不可少。

然而，目前一些高职院校因为教学任务繁重且没有对口的合作企业等原因，未能建立起高职院校教师专业培训的长效机制，更加缺乏教师培训的实施方案，教师的实践技能得不到应有的提升，又怎么能培养出符合社会建设和企业发展需要的高职学生呢？因此，加大师资培训力度，提高教师的实践技能，有机结合教师的专业理论知识和生产实践技能，对于培养学生走向职业化道路具有重要的意义。

5．校企合作模式推进艰难

高职教育要想实现其培养符合社会主义现代化建设需要的复合型技术技能人才的目标，就必须立足于“校企合作”的背景下，促进校企合作模式的不断推进。实施高职教育，提高高职教育教学质量，高职院校和企业两大主体缺一不可。但目前高职教育的现状却是管理职能出现行业缺位；高职院校和企业之间的管理严重脱节；企业对参与高职院校的教学管理工作缺乏积极性；校企合作模式缺乏制度保障和统一规划等。

二、如何改善高职院校教学质量管理

教学管理的最终目的是保证和提高教学质量。教学质量形成于人才培养方案的制定过程、人才培养方案的实施过程和教学质量的评价过程。要提高高职院校的教学质量，必须研究教学质量形成的整个过程，做好高职院校教学质量管理工作，具体可从以下几个方面入手：

（1）以就业为导向，树立全新的高职教育教学观和质量观。高职教育是培养面向生产、管理、服务等第一线需要的下得去、留得住、用得上、实践能力强、具有良好职业道德的高技能人才，所以，在教育教学过程中一定要以就业为目的、以企业需求为依据，树立全新的高职教育教学观。高职院校应确立“以人为本”的教育理念，努力贯彻知识和能力并重的教学原则，在教学过程中因材施教，尊重学生的个性差异和身心发展特点，促进学生在德、智、体、美、劳等方面的全面发展。

所谓的教育教学质量观是指评价学生学习成果和教育教学效果的标准。高职院校在教学实践中应改变以理论知识的掌握程度作为评价教育教学质量的唯一标准，提高对素质教育、实践能力的重视度，树立融知识传授、能力培养和素质提高为一体的教育教学质量观。

（2）全员参与，共建教学质量管理体系。教学质量管理体系是做好高职院校教学质量管理工作所必需的要素集合，构建教学质量管理体系需要遵守以下原则：

①全员参与。教学质量是高职院校各项工作成果的综合体现，它取决于全体师生对教学质量管理工作的认识程度和参与度，取决于教学管理者和学校行政部门的工作与学习质量，提高教学质量需要依靠学校全员的共同参与和努力。

②系统有序。教学质量管理体系是一个组织结构、工作程序、过程和资源等多要素的集合体，是一个系统。教学质量形成的过程涉及教学活动的全过程，要提高教学质量，做好教学质量管理工作，就要树立系统的教育教学观念，运用系统科学的原理和方法，对暴露出来的教学质量问题进行全面细致的诊断和辩证有效的治理。

③预防为主。治疗疾病的最好方法就是将其扼杀在摇篮中，高职院校的教学质量问题也是如此。高职教育以培养社会需要的实用型人才为最终目的，学生是教育教学的主体，为了保证教学的质量，应当在教学过程中通过明确岗位职责、建立健全规章制度等措施，将影响教学质量的因素安排在可控范围内，以事前控制、预防为主为原则，开展教学质量管理活动，保证和提高教学质量。

④以人为本。教师是教育教学工作的主导者，学生是教育教学工作的主体，两者在高职教育中有着重要的地位。因此，高职院校教学管理需要坚持“以人为本”的原则，即以人为中心，充分发挥全体教职工和学生的积极性与创造性。教学质量管理作为高职院校教学管理的核心内容，是人人参与的质量管理，是以人为中心的质量管理。在加强高职院校教学质量管理工作中，必须调动人的积极因素，充分发挥教师的主导作用和学生的主体作用，尤其是深刻认识新课改对学生主体地位的强调，调动学生学习的积极性和主动性，激发学生主动探索和实践创新的兴趣，变被动学习为主动学习，从“要学习”到“爱学习”，使提高教学质量成为广大师生的共同愿望。

⑤提高对教学质量管理基础工作的重视度。质量教育工作是教学质量管理基础工作的第一步，也是高职院校开展教学质量管理的“第一道工序”，只有加强高职院校全体人员的质量教育，增强质量意识，才能不断改进和提高工作质量，开展教学质量管理工作。质量责任制是教学质量基础工作的第二步，是教学质量

管理工作的一项基础性内容，是教学质量管理体系的重要组成部分。高职院校必须制定和明确学校内各部门各类人员的质量责任，明晰他们在教学质量管理工作中的具体任务及应承担的责任和义务，将同教学质量有关的各项工作与每一个人的利益和责任心结合起来，形成一个严密的教学质量管理体系，从而改善高职院校教学质量管理工作，最终提高教学质量。质量信息是教学质量管理基础工作的第三步，其内容主要是反映教学过程中各个环节工作质量的原始记录、基本数据及各种信息资源。质量信息是教学质量管理不可缺少的重要依据，是加强教学质量管理不可缺少的重要内容。

（3）立足当下，建立教学质量保障和监控评价体系。高职院校应当构建科学有效的教学质量保障和监控体系，将教育教学的全过程保障在可控范围内，即从招生到就业的高职学生培养的全过程，努力推进课程建设和教学改革。

高职院校还应建立科学的质量评价体系：一方面是对教师教学质量的评价，应当涵盖理论和实践教学能力、业务能力、科研能力和创新能力等，全方位评价和衡量教师的教学质量；另一方面是对学生学习质量的评价，不应当仅仅局限在学生对知识掌握的多少、深浅上，应当涵盖理论知识学习能力、实践动手能力、思维创新能力，建立科学的考核机制和评价方式。

（4）抓住实施环节，强化教学全过程的质量管理。教学运行质量管理是教学质量管理中最基本、最重要的一环。教学运行的质量管理是对师生相互配合的教学过程及其效果进行管理的活动过程，它包括制定课程标准、课堂教学的组织管理、实践教学的组织管理、日常教学管理、教学资源管理、教学档案管理等。

①制定课程标准。教学标准是对一门课程教学目标、教学内容及教学过程等环节的系统安排，是教师实施教学的依据。建立科学完善的课程标准体系要求高职院校以职业岗位需求为导向，组织教师和专业人员共同对课程内容进行组合与拆分，根据学生的具体情况制定符合实际的课程标准，将高职院校的人才培养目标落到实处。特别是对实践、实训和实习的课程标准更应当引起重视，根据不同行业和企业的需求不断完善课程标准，从而为提高教学质量奠定坚实的基础。

②课堂教学的组织管理。课堂是教学活动的主要场所。课堂教学是教学活动

和教学管理的主要形式，加强课堂教学的组织管理是做好教学质量管理工作的基本要求。这就要求高职院校对教师教学理念进行科学引导，树立以就业为导向，培养实用型、技能型、操作型的现代“工匠”的教学理念；还要求高职院校加强对课堂教学各环节的管理，如教师备课、教研活动、现场授课等环节，通过示范课、公开课、微型课等方式锻炼教师的教学水平和能力，不断提高教学质量，做好教学质量管理工作。

③实践教学的组织管理。实践性是高职教育区别于普通高等教育的突出特点，实践教学是高职院校教学过程中极其重要的环节，是实现高职教育培养目标的关键性步骤。首先要设立专门管理实践教学的机构部门，负责规划设计以就业为导向、以用人单位需要为依据的实践教学规划，协调利用高职院校和企业双方的教育环境与教育资源，实行课堂教学、科技研发及实际工作的有机结合。其次要建立实践教学的规章制度，严格规范实践教学过程的各个环节，制定科学的评价考核机制，打造“双师”教师和“双证”学生，发挥高职院校的实践优势。最后要建立实践教学的考核制度，严格把控实践教学的质量，将实践教学的管理工作落到实处。

④教学质量管理。教学质量管理是一个细水长流的工作，它涵盖教学过程和管理工作的方方面面，日常教学管理尤为重要。其核心是对人才培养方案的严格实施，如教学运行表、课表、考试表等。还要加强教学检查的力度，通过对教学质量的高要求倒逼教学管理队伍，促进教学过程的规范化和高效化。

（5）全方位进行课堂教学诊断和改进，提高教学质量。课堂是教师授课和学生学习的主要阵地，是教育教学过程中的一个重要环节。课堂教学的效果关系着学校的教学质量水平。然而，一个学校课堂教学的好与坏不可能通过一堂课做定论，因为一堂课中只能看到一些表浅的形式，教师的综合素养和教学的丰富内涵在课堂背后需要长时间的领会。高职院校要提高教学质量，就必须以改进课堂教学为中心，全方位多层次地努力，充实课堂教学的内容，丰富课堂教学的内涵，影响学生、启迪学生并感化学生。

①从宏观层面来看。课堂教学需要有高屋建瓴的大纲和框架，对教师授课起到提纲挈领的作用。因此，专业负责人在制定人才培养方案、专业课程标准、授课计划以及评价标准时，应先组织相关教职工到企业实地调研、考察和学习，与

企业人员进行面对面沟通，了解企业和市场的需求，了解最新的产业动态，这样才能制定出符合需求的人才培养方案，实现宏观层面的改进，进而编制有效的课程标准及授课计划。

②从中观层面来看。教师是课堂教学的灵魂和主要执行者。因此，高职院校需要加强对教师的教学理念、教学方法、教学基本功等方面的培训，强化以学生为主体、教师为主导的教学理念，不仅要提升教师的专业知识、语言表达和课堂驾驭等综合能力，还要提高教师的实践能力和技术水平。另外，还要推动教师创造性地改进教学方法，充分运用信息技术，发挥手机、网络平台等在课堂内外的辅助学习作用，调动学生的学习兴趣和积极性。当然，信息技术只是工具和手段，教师应根据课程内容和学生特点选择合适的教学方式，避免为信息化而信息化、为活跃而活跃等现象出现。

③从微观层面来看。学校应当制定相关政策和制度激励同学科、同专业的教师之间相互听课、评课，共同组织教研并相互探讨教学方式、方法，以及在教学过程中空间和时间的合理利用。在此过程中取长补短，相互促进，从而提升教学能力，提高教学质量。在具体的教学任务方面，学校一般会对教师每学期要完成的听课任务进行节数上的规定，但不少教师只是为完成任务而听课，没有起到诊断自身课堂教学，吸取他人经验来改进自身的作用。因此，建议高职院校可以教研室为单位，要求每位教师每学期讲一次公开课，由教研室统一组织教师集体进行听课和评课，找出讲课者课堂教学中的优点和缺点。对于课堂教学效果较好的，大家相互借鉴、推广；对于课堂教学效果较差的，大家一起分析原因，找出问题所在，帮助其不断提高教学水平。

④从反馈层面来看。学生作为课堂教学的主体和教学的唯一对象，应当成为评价学校课堂教学的主要群体。因此，高职院校应正确引导学生评教，派专门的信息员每月定期收集全班学生对任课教师的意见和建议。为了保证信息员每月反馈的信息准确有效，可以组织对信息员的集中培训，再由信息员向学生集中讲解应从哪些方面来评价任课教师的教学情况。全体学生对任课教师的评教，可以分为期中和期末两次进行，其中，期中的评价结果应及时让教师看到，以便在后半学期的课堂教学中加以改进。而学生看到自己提出的问题得到了老师的重视且确实有所改进的话，也是一种极大的鼓励，从而产生师生之间的良性互动。

第三节　高职院校教学管理工作探索

高职院校的教学管理工作是整个教学系统正常运转的纽带和核心。它对学校的教育教学活动起着统一指挥和统筹协调的重要作用。高水平的教学管理，能够促进高职院校的教学改革，提高教学质量，提升教学水平和教学效益，是实现高职院校人才培养目标的重要保证。

社会主义建设进入新时代以后，随着改革开放的不断深入，各行各业对实用型和创新型人才的需求量大大增加，高职院校的办学规模随之不断扩大。由此带来的教学内容和手段的不断更新及师生观念的不断变化，对高职院校教学管理工作提出了更高的要求。

一、高职院校教学管理工作的建议

1．抓好“三项建设”工作

“三项建设”即专业建设、课程建设、“双师”型队伍建设和实训基地建设，是高职院校提高教育教学质量的基本保证和重要手段。“三项建设”工作直接关系到高职院校的人才培养质量，关系到高职院校教育教学目标能否实现，关系到高职院校教学管理工作能否顺利进行。其中，专业建设是龙头。只有争取引导和规划高职院校的专业建设，使专业结构和相应的产业结构成功对接，才能构建校企结合的教育模式，树立社会主义现代化建设所需要的、以就业为最终目的的质量观，培养出理论和实践结合、务实和创新兼备的复合型技术技能人才。实训基地建设是高职院校区别于其他普通高等院校的一项特色项目，它是培养学生动手能力和实践能力的专门场所，是学生实践书本知识的“实验室”，也是引领学生培养工作技能，为走向企业岗位打下坚实基础的必经之路。

2．重视教学管理队伍建设

教学管理工作是提升教学质量的着力点，要提升教学管理水平，一支专业、可靠的教学管理队伍必不可少。教学管理者是高职院校教学管理规章制度的具体执行者和落实者，他们的素质和能力直接影响着高职院校教学管理工作的进程。因此，高职院校在抓好“三项建设”的同时，还应重视和抓好高职教学管理队伍建设。

首先，从思想上重视教学管理者的专业性，摒弃对教学管理工作的轻视和偏见，在进行教学管理岗位招聘时要根据岗位职责和需要选择符合该岗位要求的人，建设“专家型”教学管理队伍。“专家型”教学管理人员，不仅要具有良好的思想素质、协调能力、较高的书面和口头表达能力，而且应该懂教学、懂管理、懂研究，全方位地为教学管理工作服务。

正如上一点所述，教学管理队伍建设需要注重对教学管理者专业素质的培养，鼓励和支持他们进修高效教学管理学、计算机、文学等方面的专业知识，必要时为他们提供专门的培训机会，邀请名校教学管理者交流和分享心得，方便他们学习和借鉴他人的优秀经验，提升自己的教学管理水平和综合素质。

最后，教学管理工作既不是什么人都能做好的，也不是什么岗位的工作都是一样的，高职院校应当尽可能地明确和细化教学管理各个岗位的职责，权责分明的同时，以工作业绩作为导向，通过定期考核和奖惩制度调动教学管理者的热情，满足他们物质和精神的双重需求，从而提高全校的教学管理水平。

3．加强师资队伍建设

教师是教育教学活动的主导者，高职院校的教师更是常年工作在第一线，他们了解学生的实际情况和需求，熟悉教学活动的各个环节和过程，相对于教学行政人员，对教学管理的优缺点有着更深刻和切实的体会。高职院校教学管理需要改变管理方法，加强师资队伍建设，让更多教师参与到教学管理工作中。这一方面可以使高职院校的教学管理制度和措施更加科学合理且有针对性；另一方面也提高了高职院校教学管理工作的透明度和民主性。

高职院校要发挥教师在教学管理工作中的作用，为教师创造参与教学管理重大决策制定和管理制度出台的机会，积极听取他们的合理建议和意见，激励教师主动参与学校工作，在这一过程中获得成功体验和归属感。在日常教学管理中，要相信教师的能力和水平，使他们在教学质量评价、教学过程监督、教学运行管理等方面发挥其组织能力、管理能力和服务意识，帮助教师在此过程中实现自我价值和意义。

4．强化分级教学管理

强化分级教学管理简单来说，就是合理调整划分校院两级职权，将院（系、部）打造成具备一定自主管理能力的办学机构。院（系、部）往往处于教学的第一线，在管理教师和学生，推动教学目标实现和教学秩序良好运行方面起着非常重要的作用。

为了提高高职院校教学管理水平，实现有效的教学管理，高职院校应当打破各级之间的阻碍，根据校、院部二级管理的事迹要求合理划分原有的管理机构，明确院长、教务处、人事处等职能部门的宏观规划职责和院（系、部）内部的资源分配权、教师聘任权、学生管理权等教学管理权力。只有这样，院（系、部）才能成为真正集教研、人事、财务、资源配置等职能于一身的具有一定自主管理能力的办学机构，在学校大政策和方向的指引下，在具体工作中创造性地开展一些教学活动，发挥院（系、部）在教学管理工作中的关键作用。

教学管理的中心是专业教研室。教师是教学活动的主导者，是教学计划和大纲的主要执行者，而教师的基本组织就是专业教研室，它是教学管理的实体性组织。高职院校应当将教学管理的中心特别是学术和学生管理的职能移交到专业教研室，使专业教研室成为教学管理工作的中心。这不仅能发挥每一位教师的能动性，增强教师在教学管理中的参与感，还能使高职院校的办学方向落到实处，贯彻到每一个教学环节和每一个教学单元中。

这种分级教学管理的模式更加适合高职院校的特点，满足高职教育的教学要求，提高教学管理水平，保证教学质量。

二、高职院校教学管理工作的策略

近年来，高职院校招生规模扩大，这也导致了一些教学管理方面的问题层出不穷，例如一些高职院校缺少科学统一的教学管理规范，没有明确各个部门的责任和义务，许多实行二级管理的高职院校甚至都有自己的管理模式，从而导致教学管理过程中的混乱；再如教学管理工作的内容过多，任务量不断加大，相关高职院校管理人员的专业素质不够，大多依靠经验和习惯来进行管理，缺少建立健全的制度作为依据；还如教学管理观念和方式的改变跟不上时代的变化，完善的管理经验不能得到很好的利用和推广。

要解决以上三点问题，需要高职院校从制度化、数据化及教学管理深度改革三个方面完善教学管理工作。

1．高职院校教学管理工作的制度化

（1）高职院校可以利用法律法规进行制度化的教学管理。法律不仅仅是为了约束和制裁人的，完善的法律法规和高职院校的规章制度能够作为教学管理的重要依据，在千变万化的时代背景下犹如定海神针一般，为高职院校教学管理人员指明方向和道路。因此，建立更加完善的规章制度对教学进行管理，这是高职院校教学管理制度化的基础。

（2）教学质量问题始终是教学管理工作的核心。高职院校的教学管理工作一定要构建起高质量的管理制度。只有在高质量管理制度的指导和保障下，才能保证教学质量，帮助高职院校适应我国社会经济的不断发展。

（3）建设更好的高职院校教学管理队伍。高职院校教学管理队伍的建设是从经验管理方式向制度管理方式的转变和发展，是高职院校教学管理制度化的综合体现。有了科学合理的人才选用制度，就能大大提高高职院校教学管理人员的综合素质，增强管理者的积极性和主动性，促进管理者之间良性竞争，从而提高教学管理水平。

2．高职院校教学管理工作的数据化

（1）庞大的信息储备是数据化的基石。高职院校教学管理的数据化必须重视数据信息系统的建设。

国家政策曾明确指出要将我国高职院校的信息化建设提到首要位置。随着科学技术与信息网络的快速发展，大数据时代已经到来，每天都要面对海量的信息。高职院校的教学管理工作也是如此，在大数据时代，教学管理不能只是凭借经验和习惯，而是要重视决策的科学化。所谓科学化的决策手段，实际上就是通过信息技术对信息进行筛选和分析之后得出的结论，它需要数据信息作为基础。

高职院校只有充分利用科学技术，才能建立起完善的高职院校数据系统，从而进入高校教学管理的信息化时代。当然，高职院校数据系统的建立不能只依靠学校来独立完成，它还涉及学校管理的各个方面，因此，需要政府及相关部门给予相应的支持与高度的重视，让数据系统的建设提高到学校发展的战略地位。

（2）对数据的科学处理和分析。高职院校数据系统建立的主要目的是给学校管理者提供相关方面的政策支持和决策建议，提高决策的科学性，提升学校的教学管理能力。也就是说，丰富多样的数据是数据系统建设的关键，也是最难的部分，这是由于数据系统的数据内容十分多元化，在收集的过程中也比较困难并且收集范围也很广泛，因此对于收集的范围不能只是局限于学校内部资料，还要多结合国家政府的政策与方针，要从不同的渠道进行收集，这样才能确保数据资源的多元化与完整性。

收集来的资料也并不是完全可用，还要经过一系列的筛选，将具有一定价值的资料进行妥善的保存以便之后的使用。同时，管理者要根据相关的政策来进行教学管理任务的实施，只有合理地运用相关政策与法律才能为制度的建立提供更多的数据支持。

（3）培养高职院校教学管理数据化的专业型人才。近年来，信息技术和网络方面的专业人才供不应求，高职院校的数据化管理人才更是凤毛麟角。如何培养高职院校教学管理数据化的专业型人才，已经成为众多高职院校在数据化过程中面临的共同问题，严重影响到了高职院校未来的发展。为了解决这一问题，学校及相关部门必须加大对综合素质较高、善于开拓创新人才的培养，在人才培养的过程中政府还要给予资金及政策上的大力支持，学校也应该为其提供良好的教育环境与资源，以便培养符合高职院校教学管理数据化的专业型人才，让人才反哺学校，加快推进学校的教学管理水平。

数据化管理人才的培养需要循序渐进、一层一层地向前推进，需要坚持理论与实践相结合、相统一的教学原则。首先是对创新型人才的培养，是培养对事情有高度敏锐性、观念开放、思维灵活、人格特征鲜明，有很强的独立性与创新能力的优秀人才。其次是培养实用型人才，这是高职院校人才培养的关键和重点，这就需要对数据化管理人才进行合理的分层次培养，从而提高高职院校的数据化管理能力。最后是培养基础型人才，全面提高管理人员的综合素质，让各部门的管理人员都能以认真负责的态度对待每一项工作。

高职院校教学管理的制度化与数据化是一项十分复杂的工程，也是一项具有前瞻性和科学性的发展策略。但同时，这一策略在实施的过程中也会遇到很多的困难，只要高职院校在教学管理的制度化与数据化工作中严格按照制度与规则进行，将每一个问题都落到实处，就一定会取得满意的效果。

3．高职院校教学管理工作的深度改革

近年来受到诸多因素的影响，在高职院校的教育教学管理工作中出现了很多教学管理方面的问题，这些问题制约着教学管理效果和教育教学质量的保证，难以满足当前时代发展的需求。

（1）高职院校教学管理进行深度改革的意义。

①进行高职院校教学管理工作的深度改革有助于提升学校的教育工作质量。在高职院校实际发展的过程中开展教学管理的深度改革，可以引导教师在教育教学的过程中树立正确的教学观念，端正自己的教学态度，不断充实自己的教学内容、改进自己的教学方式与加大教学模式的改革力度，在课堂教学水平提升方面互帮互助，总结以往教学工作的经验和教训，采取有效的措施开展各式各样的教学创新活动，通过高质量、高水平的教学方式培养社会需要的复合型技术技能人才，从根本上提升高职院校的教育教学工作质量。

在传统的高职教育教学的工作中，教师的教学理念过于传统，课堂教学方式过于单一，教师不是按照学生的学习和发展需求设计课堂教学模式，而是按部就班地根据教材的死内容进行授课。开展高职院校教学管理深度改革工作以后，可以优化高职院校内的课堂教学模式，督促教师不断根据高等职业教育的要求和高职学生的特点改善自身的教育工作方式，打造优质的课堂，提升整体的教学质量。

②进行高职院校教学管理工作的深度改革有助于优化教师的课程结构。近年来，高职院校教育教学工作虽然已经开始注重调整课程结构，但过于强调学科本位、科目数量较多、课程之间缺乏互通与整合、课程与课时比例的设置不合理等问题仍然存在，课程结构因此仍然缺乏合理性。而在开展高职教育教学管理工作改革以后，就可以根据课程改革的要求，对课程结构进行优化处理，按照各个专业和各个班级的特点，调整课程门类与课时比例，设置一些综合性的必修课程，尽力满足不同专业学生的不同发展需求。

③进行高职院校教学管理工作的深度改革有助于满足社会发展要求。就当前形势来看，高职院校的教育和国家经济社会的发展存在着直接的联系。那么，面临着我国经济结构逐渐优化，经济增长形式逐渐发生改变的关键时期，各行各业对复合型技术技能人才的需求量逐渐增多，无论是在经济发展，还是在推动科

技创新的过程中都离不开技能型人才，如果缺少了他们的支持，社会发展对人才的需求就不能得到有力的保障。而在开展高职院校教育教学管理深度改革的过程中，可以落脚于社会对复合型技术技能人才的需求量上，针对专业的教育工作进行管理，为社会培养出更多优秀的实用型和技能型人才，努力满足社会发展的要求。

④进行高职院校教学管理工作的深度改革有助于提升高职院校的教育教学管理水平。在传统的教育教学管理工作中，高职院校的教育教学工作由于受到诸多因素的影响还存在很多问题，不仅不能确保教育教学质量始终如一，甚至还会出现一些缺陷和不足之处，而无法保证教育教学质量的课堂教学，对高职院校长远发展会造成十分不利的影响。在高职院校的实际发展过程中，强化教育教学管理的改革力度，可以促使人们及时发现日常的教育教学工作问题，根据问题制定完善的管理方案，遵循科学的教育规律和工作原则，采用针对性的管理手段弥补缺漏，进而能够有效提升高职院校的教育教学管理水平。

（2）高职院校教学管理进行深度改革的要点。

①在进行高职院校教学管理时要遵循教育的规律性。为了确保高职院校教学管理深度改革各方面的改革效果，应该遵循一般性、特殊性与应用性的教育规律，有效开展教育教学管理的深度改革工作。遵循一般性的发展规律，就是要注重高职院校教育教学管理工作与社会政治、经济、文化等发展领域相适应。遵循特殊性的发展规律，就是指高职院校的教育教学管理工作要和企业之间相互联系，依据不同企业不同岗位不同工作的特点，做好教育教学管理改革工作，争取培养出职业能力强、综合素质高、应变能力强的高等职业教育人才队伍。与此同时，高职院校还需要制定完善的教育教学管理体系，树立“以人为本”，以学生为主体的教育观念，构建具有创新性和多元化特点的新时代教育工作模式。注重应用性的发展规律就是要以就业为导向，按照社会与各行各业的人才需求量合理设置专业与课程，培养国家和社会真正需要的技能型人才。

②在进行高职院校教学管理时要遵循素质教育。高职院校是高等教育的重要组成部分，其教育目标也是要培养德、智、体、美、劳全面发展的高素质人才。尽管目前部分高职院校在教育教学管理的过程中已经开始注重技能教育，但他们仍然只是简单地将高等职业教育看作是一种职业培训，认为只要培养学生掌握了

所学专业的相关技能，学校就算是完成了教育任务。这种错误的认知和做法导致学校与教师在教育教学管理的工作中，过于重视学生专业技能的学习，而忽略了学生专业素养和综合素质的培养与提高，难以确保教育教学管理的效果。

在这种情况下，高职院校在日常的教育教学管理工作中必须要改变传统的工作观念，不能只重视学生专业技能的学习，而应当认识到素质教育的重要性。在培养学生基础知识和专业技能的同时，注重学生综合素养的提升，将对学生的素质教育作为高等职业教育首要的工作任务，制订完善的素质教育计划，在各门专业课程中融入思想政治内容和德育教育内容，并通过现代学徒制、现场实践操作教育指导等形式培养学生的职业素养和道德水平，提升学生各方面的综合素质，满足当前时代发展的需求。

③在进行高职院校教学管理时注重学生的主体性。在高职院校教育教学管理改革的过程中，学校应该将学生作为教育教学工作的主体，注重学生的个性发展，采用有效的措施培养学生的专业素质与综合素养，提高学生的职业技能和在相应岗位上的工作能力与适应能力，提升学生毕业后的职业竞争力。首先，高职院校教学管理的改革应该以调查和研究学生的专业发展需求为出发点，按照各个专业学生的专业发展特点、相应岗位的人才需求等信息，合理地设计教育管理工作模式，遵循以人为本的原则，在满足学生发展需求的同时，争取学生的配合，激发学生的主动性和积极性。最后，教育教学管理改革工作还需要督促教师改进自己惯用的传统教学方式、方法，制订完善的教育教学计划，认识到学生在教学中的主体地位，为学生营造开放包容的学习环境和氛围，尊重学生，引导学习，服务实践，在尊重、引导、服务的过程中有序地开展教学工作。

（3）深化高职院校教学管理改革的内涵。

①深化高职院校教学管理改革的内涵，首先要强化德育教育管理的改革力度。现在的高职学生都是在全国统一高考以成绩论英雄的环境下成长起来的，小学、中学的德育教育主要是满足考试答题需要，“三观”教育还存在很大缺失，为确保高职院校德育管理效果，高职院校教学管理改革过程中必须制定完善的管理方案，加强各方面的改革，满足当前素质教育的基本需要。

首先，高职院校要建立完善的德育管理机制，学校主要领导要主动承担全校德育教育的第一责任，相关领导和部门负责人要承担德育教育的具体责任，全校教职工要形成为党育才、为国育人的共识，真正将德育摆在全面发展的第一位。

其次，要按规定开足思政课，要培养一批高素质的思政课教师队伍，要打造一批高质量的精品课程，要将马克思列宁主义、毛泽东思想、中国特色社会主义理论、习近平新时代中国特色社会主义思想进教材、进课堂、进头脑。

再次，要扎实抓好课程思政，每一门基础课、专业课、理论课、实训课、实习课都要有思政元素，也就是说德育工作的责任不能局限于辅导员和思想政治教师，而是要将德育理念渗透到每个专业的教学中，做到劲往一处使，润物细无声。

最后，在高职院校的实际发展过程中，要遵循德育管理改革的科学原则，理清德育内容、制度和机制是否科学，了解德育工作是否存在问题，并提出相应的对策，提出德育创新与改革的建议，旨在为提高德育水平提供帮助。

②深化高职院校教学管理改革，重点需要强化课程管理改革力度。我国大多数高职院校都是公办学校，其专业设置和课程设计都是由国家相关部门统一决定的。随着高职院校社会化管理等相关政策的出台，加之高职院校管理运行机制的转变，学校自主进行专业设置的权利开始扩大。但这还仅仅是个开始，当前高职院校的专业和课程设置仍然存在着很多问题，这些问题制约着高职院校的人才培养工作，使其无法和市场对人才的需求相互适应，难以实现培养实用型高等技术人才的办学目标。

在这种情况下，高职院校就应该将社会对人才的发展需求列入考虑范围内，不断强化课程管理的改革力度，结合社会和行业对人才需求的类型、层次与规格设置课程。

高职院校在设置专业和课程的过程中，首先应当按照社会对人才的需求情况，将培养学生的职业技能和综合素养作为出发点，设置与岗位要求相匹配的技能训练课程、职业教育课程。高职院校的课程内容不再只是局限于理论知识，而是要确保理论与实践操作相互配合、相互协调，培养具有较高职业技能水平和较高职业道德素养的高等专业技术人才。改革课程管理，还需要高职院校在设置课程的过程中，结合所属行业的产业结构及当前社会发展情况等，与时俱进地更新课程中的专业知识和实践操作技能，灵活设计课程体系，不断改善当前的课程教育工作现状。尤其是在设置所学专业主要课程的过程中，高职院校还需要将课程内容与学生的职业资格证书考试、岗位工作能力等相互联系，确保通过课程教学培养能够上岗就业、为社会发展创造价值的人才。

③深化高职院校教学管理改革，还包括加大对教学模式管理的改革力度。高职院校要做好教学模式管理改革，切实做好教学模式管理的工作。

一是在教学模式管理过程中，注重对学生专业能力的培养，根据岗位工作的人才需求，将一般知识和专业技能融入教学模式，有效培养学生的实际操作能力。教学模式要求基础课应以课堂教学为主体，操作与试验为辅助。在专业教学模式中，将基础课程理论与技能训练相结合，为学生掌握相关专业技能提供更多的动手操作机会。

二是在建立教学模式的过程中，要注重对学生技能的培养，引导学生学习和掌握与岗位工作有关的新知识、新技术，树立良好的职业观念，端正自己的心态，充分认识到遵守规章制度、学习先进技术在今后的岗位工作中的重要性。

三是在实践教学模式管理过程中，要统一指导思想，全面开展技能教育、职业教育和职业能力教育管理活动，形成良好的工作理念。

四是根据各专业发展特点，将理论、技能和创新教育有机结合起来，明确教学模式是否存在问题和不足，并提出相应的整改建议。需要指出的是，在日常的教学管理中，也需要不断总结经验，积极借鉴国内外高职院校的教学模式管理方法，不断提高各方面的工作水平。

④深化高职院校教学管理改革，还包括强化教材管理的改革力度。教材的管理在高职院校的教育教学管理工作中十分重要，高职院校只有严格开展教材管理工作，才能有效开展人才培养工作。因此，要强化高职院校教材管理的改革力度，确保教材管理工作的科学性和有效性。

首先，教材建设管理工作要纳入学校重要工作的管理范围，领导重视，教务统筹，专业自主，保证高职院校中的课程内容不落伍于时代，能够与时代接轨，满足与时俱进的社会发展需求。

其次，教材建设管理工作要遵循社会化的原则，无论是由书店统一进行招标，还是由书店直接为学生供应教材的方式，都必须要保证教材内容符合社会对人才各方面能力的要求，必须与学生所学专业对应的岗位工作互相契合，防止出现教材内容和人才培养目标及社会实际需要脱节的情况。

最后，教材管理改革应该制定完善的教材调剂工作机制，利用计算机网络系统共享信息，保证每个部门都可以与负责教材调剂的工作人员相互沟通交流，确保教材的合理配置与供应。

（4）深化高职院校教学管理改革的策略和途径。

①深化改革需要构建完善的管理体系。为了保证教育教学管理改革各方面的有效开展，应该构建一个更加完善的管理体系，并形成良好的组织保障系统。

一是构建决策系统、日常教育工作落实、教育信息反馈等制度，确保教学管理的完整性和系统性，全面提高教学管理水平。

二是要建立教学决策相关子系统，全面监督日常教育决策，明确专业课程决策和教材内容决策的可行性，及时发现教学决策中存在的问题，并采取有效措施解决问题；要构建教学实施子系统，开展教学实施的监督控制活动，明确教学实施中是否存在问题，提出相应的改进和处理建议，为提高教育教学的整体水平，应构建完善的教育教学监控子系统，针对教师的教学情况、日常教育管理等进行综合监督管理，形成优化的管理机制。

三是要注意日常工作中存在的问题，提高教学质量，并提出相应的教学质量措施。

②深化改革需要健全教学管理的制度。在高职院校教学管理深化改革的过程中，完善相关制度可以有效规范教学工作行为，提高教育管理水平。高职院校在制定相应的教育教学管理制度过程中，要注重创造灵活的管理模式，构建激励机制和约束机制，转变传统的制度形式，提高相关管理制度的现代化、科学化水平，创新制度内容，从根本上实现教育教学管理的目的。

一方面，高职院校有关部门应制定灵活的管理制度，给教师留下足够的发展空间，调动教师教学创新的积极性，从而提高高职院校教学工作质量；另一方面，在制度制定过程中，要适应素质教育和创新教育的要求，严格分析现行规章制度，及时发现制度中存在的问题和不足，做好修订完善工作，在完善和统一相关管理模式的前提下，突出管理工作的多元化特点，改变传统的刚性管理模式，形成柔性管理模式。

③深化改革需要构建特色教学管理机制作为保障。高职院校的教育目的就是

要为学校所在区域的经济发展提供服务，培养出社会发展需要的高等专业技术人才。在这一目标的引领下，高职院校的教育教学管理改革需要全面考虑到当地的经济发展需求和产业结构，根据实际情况整合既有的教育资源，联合地域性的优势和特色，创建具有地方特色的教育教学管理机制，更好地为社会经济发展提供服务。

第一，高职院校在实际工作中不能闭门造车，应该时刻学会眺望窗外，结合社会经济发展的实际需求开展教育教学管理改革，专门调查研究当地市场的人才需求，以此为依据合理设置学科，尽可能地打造出特色的优势专业，培养出符合我国社会经济发展需要的优秀人才。

第二，高职院校在改革过程中也应该充分借助当地的地域优势和各种自然资源，开设具有地方特色的专业，设置个性化的定制课程内容，注重科技成果在教育工作中的转化，强化教育科研和学术钻研力度，使产学研有机结合在一起。在大力培养社会经济发展需要的优秀人才的情况下，与当地区域发展相互适应，在有效培养技能型人才的情况下，促进区域经济的快速发展和进步。

④深化改革还需要高职院校构建完善的考核评价机制。要在高职院校教育教学管理的实际工作中建立完善的评价机制，全面开展对教学质量、学生素质、学校教育状况、教师状况等方面的评价工作。通过客观评价，真实反映学校的教育教学管理状况，并明确改革过程中是否存在问题和不足，根据出现的不足采取相应的对策查漏补缺，从根本上提高教育教学管理的水平。

首先，要以建立教学质量评价体系为重点，开展科学、系统、可操作的评价活动，采取学生评价、教师评价、管理评价等形式，达到综合评价教学质量的目的。

其次，要建立以学生为主体的学生素质发展评价机制，重点评价学生的创新能力、职业能力、道德素质等，促进教学管理的发展。

最后，要借助社会力量来评价高职院校的教学状况，以发现教育体系和教育模式中存在的问题，发现与兄弟院校的教学差距，发现与社会需求的距离，便于制订完善的教学指导工作计划，确保各方面教育管理活动能够有效开展。

第二章　高职院校学生管理研究与实践

习近平总书记曾说："我国经济要靠实体经济做支撑，这就需要大量专业技术人才，需要大批大国工匠。因此职业教育大有可为。"学生管理是学校管理工作的重要组成部分，高职院校也是如此。学生管理工作的效果关系着高职院校的教学质量以及办学效益，也关系着学校人才培养目标和教育方针的实现。随着经济的快速发展和社会主义现代化建设的深入推进，各行各业对实用型、技术型和创新型人才的需求越来越大。随着高职院校扩招政策的实施，高职院校在校生人数也不断随之增长。如何在这样的背景下做好学生管理工作，应对当前高职院校的种种变革和挑战，是应当积极思考的一个重要问题。

第一节　高职院校学生管理工作现状

随着我国政治、经济、军事、文化等方面的蓬勃发展，教育的地位与作用日益凸显，为教育事业的发展打下了良好的物质基础。国家对高等职业教育也越来越重视，高职院校的数量越来越多，招生规模也越来越大。随之产生了学生之间良莠不齐，生源素质不高，文化基础较差，自我约束力差，对学习缺乏主动性等问题。这一切都给高职院校管理工作带来了全新的挑战，特别是在学生管理方面产生了诸多问题。因此，认识高职院校学生管理的意义，明确学生管理工作的内容，寻找解决学生管理问题的策略，对于提高高职院校教学质量，改善高职院校管理现状有重大的意义。

一、高职院校学生管理工作的内容

学生是教育教学工作的主体，做好高职院校学生管理工作是实现高职院校教育目标的基础，也是高职院校教育教学工作得以顺利进行的前提。高职院校学生管理工作按照内容划分，可以分为思想政治教育、学生学习管理、学生日常事务管理和学籍档案管理四个部分。

1. 思想政治教育

当前，我国正处在经济飞速发展的上升时期，处于决胜全面建成小康社会的关键时期。随着改革的不断深化，国家对高等专业技术型人才的需求量越来越大。高等职业院校作为实用型和创新型技术人才培养的摇篮，是我国高等教育的重要组成部分。正如习近平总书记在全国职业教育大会中提到的那样，职业教育“肩负着培养多样化人才、传承技术技能、促进就业创业的重要职责”，高等职业教育更是肩负着为社会输送高等专业技术人才的重任，必须对其予以重视。

随着新课程改革的发展，高等职业教育的理念和内容也在不断变化。高等院校教育的目标是培养应用型和复合型技术人才，在提升学生知识水平的基础上，提高学生灵活运用知识与专业技能的能力，更加强调学生的思想政治和道德品质状况。因此，教师在日常教学管理工作中，一方面要努力提升学生的职业能力；另一方面还要注重学生的思想政治教育，密切关注学生的思想动态，经常与学生交流沟通，培养学生的集体意识和团队意识，提高思想道德修养。

开展思想政治教育就是要引导学生深入学习习近平总书记系列重要讲话精神和治国理政新理念、新思想、新战略，深入开展中国特色社会主义、中国梦宣传教育和社会主义核心价值观教育，帮助学生不断坚定中国特色社会主义道路自信、理论自信、制度自信、文化自信，牢固树立正确的世界观、人生观、价值观。掌握学生思想行为特点及思想政治状况，有针对性地帮助学生处理好思想认识、价值取向、学习生活、择业交友等方面的具体问题。

2. 学生学习管理

学习对于学生的重要性不言而喻。从宏观层面来讲，学习是人类自古以来获取知识和提高生存能力的重要手段，是传承知识并使其流传的最有效途径，可以说，人类的进步和社会的发展都离不开学习；从微观层面来讲，学习是学生的天职，是学生在校园中最主要也是最重要的活动。高职院校的学生是未来国家高等专业技术人才的储备军，正在走着一条专业性、多元性、实用性和创新性的道路，学习对于他们来说不仅包含课堂和书本上的理论知识，还包括实验室和实习岗位上学到的技能知识。

然而，受到生源的影响，许多高职院校的学生相比起本科学生，在学习方面存在学习自觉性较差、学习能力较弱、学习方式死板等问题。学生管理人员要熟悉了解学生所学专业的基本情况，激发学生的学习兴趣，引导学生养成良好的学习习惯，掌握正确的学习方法，并指导学生开展课外科技学术实践活动，营造浓厚的学习氛围。同时，还要建设良好的班级学风，鼓励同学之间良性竞争，通过社会实践活动、多媒体技术等方式提高学生的学习积极性，引导学生将时间和经历投入学习中，是高职院校学生管理工作的重中之重。

3．学生日常事务管理

学校是学生除家外的第二个港湾。高职院校学生管理不仅要做好思想政治教育及学习上的管理，还要做好学生日常事务管理，保证学生在日常生活中的安全健康、舒适有序。

高职院校学生日常事务管理包括以下几个方面：

（1）班级日常事务管理，做好党团和班级建设。开展学生骨干的遴选、培养、激励工作，开展学生入党积极分子培养教育工作，开展学生党员发展和教育管理服务工作，指导学生党支部和班团组织建设，做好班风建设，规范学生的日常作息和行为，培养学生的团结意识，提高班级的凝聚力。

（2）进行学生宿舍卫生管理、晚就寝管理、宿舍安全管理，保证学生在安全卫生的环境中生活学习。

（3）学生心理健康辅导，对学生心理问题进行排查，组织开展心理健康知识普及宣传活动，疏导学业生活中的种种压力，及时发现学生的心理问题并给出专业的治疗方法或建议，培育学生理性平和、乐观向上的健康心态。

（4）为学生提供资助服务，将“扶困”与“扶智”，“扶困”与“扶志”结合起来，让家庭经济困难学生都能平等地享有学校的教育资源和环境，帮助家庭经济困难学生解决生活和经济上的难题，确保学生不因家庭贫困而导致失学，着力培养受助学生自立自强、诚实守信、知恩感恩、勇于担当的良好品质。

（5）为学生提供就业指导，配合学校就业中心通过电话、短信、邮件等各种方式及时将学校的各种就业和招聘信息通知到毕业生班群，组织开办各类就业讲座，加强学生与用人单位的信息交流，主动帮助学生联系寻找就业实习的机会，提高学生的就业竞争能力。

（6）校园危机事件应对。组织开展安全教育，做好学生危机事件工作预案制定和执行，对校园危机事件及时处理，稳定局面，控制事态发展，掌握危机事件信息并按程序上报。

4. 学籍档案管理

学籍档案管理是学校教育教学工作的重要内容，也是学校管理工作的一个重要组成部分。其是指学校依照《普通高等学校学生管理规定》（教育部令第41号）等国家文件中规定的规章制度，再结合学校的实际情况，利用现代的信息技术和网络平台对学生的学籍和档案从入学报到、注册登记到毕业离校整个过程中进行管理和监督的工作。学籍档案管理是一个动态的过程，这项工作完成质量的好坏直接影响着学校的运作和教育教学工作的开展，它对学生个人的发展及学校教学秩序的稳定有着极其重要的作用。

由于高职院校的生源参差不齐，学生有的来自普通高中，有的来自中专和技校，还有一些职业高中的毕业生和社会生，故而高职院校的学籍档案管理面临着更严峻的形势，做好高职院校的学籍档案管理工作也显得更为重要。高职院校学籍档案管理工作的内容如下：

（1）新生入校报到时档案的初步核查。

（2）新生入校注册登记时建立学籍。

（3）利用信息化管理学生成绩。

（4）学校在校表现与奖励惩罚。

（5）毕业时对学生学籍档案的核查。

（6）毕业生电子学历注册备案与电子信息的核对。

（7）管理高职院校学生学籍档案并颁发毕业证。

做好以上七点学籍档案管理工作，对高职院校的正规化管理具有重要的意义。一方面，学校可以通过学籍档案管理工作了解和把握学生的实际情况，及时了解本校学生在学校的学习和行为情况，更好地制定学校人才培养方案和目标；另一方面，高职院校学籍档案管理工作的顺利实施能够保障学校教学秩序的稳定，促进学校教学管理和教学方法的改进，提高学校教育教学的质量。

二、高职院校学生管理工作的问题

随着中国特色社会主义建设进入新时代，国家和政府越来越重视高等职业教育，也越来越重视高等专业技术人才的培养。在高等职业教育需要服务经济高质量发展的今天，比以往任何时候都更需要大量的高素质技能型的人才。

然而，高职院校规模的扩大和招生数量的增加，对高职院校教育教学与学生管理工作既是新的起点和机遇，也是新的困难和挑战。与此同时，高职院校的学生有着一些与普通高校学生不同的特点，如何根据高职院校学生的特点，因材施教、对症下药，做好新时代高职院校学生管理工作是管理者面临的一道难题。因而在应对新的机遇和挑战的过程中，高职院校学生管理工作出现了部分问题。

1．高职院校学生的特点

作为国家未来高等专业技术人才的预备役，高职院校的学生有着普通高校学生无法比拟的优点，如较为活跃，能够积极参加教学、文体、社团等实践活动；富有创新意识，在课堂、竞赛、工作中能大胆创造，发挥主体的能动作用；善于实践操作，在平时的学习和实践中有良好的动手能力等。

但同时，高职院校学生也有一些自身的局限和缺点：

（1）学生学习基础参差不齐。高职院校的大部分学生都是因为高考未能进入本科院校而选择高职院校的，还有一些是来自中专、技校和职业高中。这导致相同专业的学生入学成绩相差悬殊，甚至同班同学在原有知识结构和学习能力，以及接受新知识的能力等方面都存在明显差异。另外，学生整体存在基础较为薄弱、学习主动性和自觉性较差、缺乏学习兴趣、学习自律能力较差等问题。

（2）学生心理素质较差。随着改革开放的进行，国民生活水平得到显著提高，很多高职学生成长在优越的家庭条件中，从小一路都是顺境，缺乏逆境的磨炼，也缺乏面对困难和解决困难的心理素养，心理承受能力较差，容易在压力面前产生崩溃心理。另外，高职院校中处在单亲和贫困家庭的学生也不在少数，他们往往有较大的自卑心理，在面临经济问题、学习压力、就业压力时，心理都会产生很大的困扰。再加上有些学生家长盼子成才心切，对学生有过高的期望和要求，他们不以实际情况为依据，反而给学生设定自己心中的目标与任务，这也给学生造成了巨大的心理压力，有些学生因自身水平受限，怎么努力都无法达到家长预期的目标，久而久之就易产生各种各样的心理问题。

（3）行为习惯不太好。当前高职院校的学生大都是“00后”，他们生活在优越的物质环境中，容易形成任性自我、特立独行、张扬外向的个性，行为习惯和生活能力都欠佳，个别学生懒于做寝室内务和清洁工作，不能很好地打理自己生活的环境，且对自己的生活作息安排不恰当，晚睡晚起或者熬夜打游戏、追剧都是较为普遍的现象。这些不良的生活习惯和自由散漫的状态使得大部分学生不愿受到过多的管束，给学生管理工作带来很大的难度。

（4）网络的负面影响大。在网络和信息技术已经十分普及的今天，高职院校的许多学生基本是在计算机前和虚拟世界里长大的。这一方面开阔了他们的视野，使他们能够感受到中西方不同思想文化的交融互通，也给他们的生活带来了很大便利；但另一方面，高职院校的学生由于受前面三个特点的影响，更容易被网络游戏、网恋、浏览不良信息以及网贷平台等网络上的信息所诱惑，从而沉溺在虚拟世界的“自由”中而忽视了现实。更严重的是网络媒体上的信息良莠混杂，高职院校的学生还缺乏明确的是非判断能力，“三观”很容易被歪曲，产生一些违背社会主义核心价值观的观念和行为。

2．高职院校学生管理工作的问题

（1）从学生角度来看。高职院校的学生往往认为辅导员、班主任，以及学校的管理人员是限制自己、约束自己的管理者，而不是他们所认可的传授知识、教书育人的教师，因此，缺乏对管理者应有的尊敬和敬畏，导致学生管理工作很难顺利开展。

（2）从管理理念来看。高职院校各部门对学生管理工作的认识都存在很大的误区，许多教师认为学生的管理工作是学生工作者的事，没有意识到教育教学的一体性，更没有形成全员育人的良好氛围。那种“我是教师你是学生”的传统理念已经过时，新时代下教育管理者应当树立“教育管理服务育人”的理念，做好学生管理工作的各项内容，深挖各种问题背后的原因，从源头上杜绝学生管理问题的发生。

（3）从管理方式来看。高职院校的学生管理工作往往是以管理者为中心开展的，认为管理者对学生拥有绝对的权威，他们在管理学生的过程中经常采用行政性和强制性的方式强硬地解决问题，并片面地把学生工作中存在的问题通通都归结为学生素质太差，长此以往加剧了学生和教师之间的矛盾，使学生管理工作沉疴难愈。另外，正如上文所述，学生管理工作的内容十分庞杂，这使得大部分学生工作者花费了大量的时间在处理琐碎繁杂的日常事务上，从而没有时间研究高职院校学生的特点，做不到“以学生为本”，只能像消防员一样忙碌在表层工作上，却很少切入问题本质进行深层研究。在这样的管理方式下，高职院校学生管理工作全员齐抓共管的机制很难落到实处。

（4）从管理体制来看。高职院校目前的学生管理工作基本都是在学校行政部门的领导下进行的，其流程一般是由学生主管部门推动，班主任和辅导员实际负责。这样的管理机制导致在高职院校学生管理工作中，只有学生主管部门在实施学生的管理工作，其他部门都缺乏管理学生的主动性和积极性。但事实上，高职院校的学生管理工作本该是在学校各部门与各科室的共同配合下才能完成的，只有学校各部门与各科室都主动积极地参与到学生管理的工作中，才能实现全员育人的目标。若各部门与各科室只是各负其责、互不干涉，如教务处只管理教师的教学工作，保卫处只负责管理学校的治安工作，而将管理学生的工作完全交给学生处，学生管理工作就必然产生主观上的倾向，从而导致高职院校的学生管理最终成为“一言堂”，一切都按照学生处的命令和指导而进行。

（5）从管理队伍来看。高职院校的学生管理队伍力量总体较为薄弱，目前仍以辅导员为主，他们在面对日渐扩大的教育规模和学生数量时往往显得力不从心，无法满足繁杂的学生管理工作的要求。虽然部分高职院校目前已经积极培养了一定数量的学生干部和辅导员助理来扩充学校的学生管理队伍，但他们的工作只限于教师界定的范围，且工作经验和工作信心都比较欠缺，在管理过程中又涉及处理与其他同学关系的问题，害怕与同学发生矛盾，站位不明确、能力不足，这使得他们经手的部分工作只流于表面而未能落到实处，所以，学生管理队伍仍然面临着力量不足的问题，给学生管理工作带来一定程度的弊端。

第二节　高职院校学生管理工作探索

作为一项系统性的工程，高职院校学生管理工作对于专业人才的培养及国家的长期建设具有十分重要的意义。随着当前我国教育改革的不断深入，加强学生管理工作越来越为高职院校及相关教育工作者所重视。以目前高职学生管理现状及高职学生自身的特点为依据，及时发现并分析学生管理工作中存在的问题，不断探索加强学生管理、提高管理水平的策略，创新高职学生管理模式，优化高职学生管理方案是每一所高职院校和每一位学生管理者的职责所在。只有这样，才能更好地保障高职院校的学生管理工作，提高高职院校的教育教学质量，促进高职院校的进一步发展，更好地实现人才培养目标和践行教育教学方针。

一、发挥高职院校学生管理工作中班级的作用

班级是学生在高职院校中学习、生活的重要场所，也是学校进行学生管理工作的基本单元。做好班级管理工作，建设好、服务好、管理好每一个班级，发挥班级在学生管理工作中的重要作用，保证每一名学生能够在良好的班风学风中学习生活，顺利完成学业，成长为社会需要的高等专业技术人才，是学生管理者（尤其是辅导员）的职责和使命。

班级建设是做好高职院校管理工作的最前沿阵地，较高的班级管理水平不仅可以促进学生的健康成长，还可以提高学生的综合能力。辅导员在进行班级建设和管理的过程中，不能再照本宣科、纸上谈兵，需要密切关注班级学生的特点，灵活运用典型案例事实中的方式方法，以“政治强、情怀深、思维新、视野广、自律严、人格正”为自我要求，充分发挥班级在学生管理工作中的重要作用。

1．加强对班级管理的指导和宏观调控

班级管理是一项复杂、系统的综合性工程，做好班级管理工作需要政府和有关部门加强对高职院校班级建设的宏观指导。

（1）国家或地方教育部门。国家或地方教育部门需要出台有关高职院校班级管理的指导意见，出台相应的规章制度，提供可靠的培训机会，保证高职院校班

级管理者（辅导员）能够在实际管理中有据可依、有章可循。

（2）相关教育行政部门。在高职院校扩招和生源范围不断扩大的新形势下，相关教育行政部门需要对包含课堂“低头族”、网络游戏瘾、网贷等在内的种种问题给出明确的意见和管控方式，为高职院校班级管理工作营造和谐的、正能量的社会氛围，在宏观上为班级管理创造良好的外部环境。

2．加强对班级管理者的培训，提高班级管理队伍水平

高职院校班级管理工作是一个形成“合力”的过程，教育行政部门的宏观调控需要学校的中观配合及教师的微观实施相结合，才能达到提高班级管理水平的目的。在此过程中，高职院校的学工部门应当根据国家的相关法律法规制定适合本校学生的班级管理制度，实事求是地指导本校的班集体建设。

另外，高职院校还应当加强对班级管理工作的主力军（辅导员）的培训与考核，对辅导员工作应予以充分重视，每学期定期召开辅导员工作例会，增加对辅导员培训次数，定期举行辅导员素质能力大赛，鼓励辅导员主动提高管理水平，为班级管理的发展奠定坚实的基础。

3．完善班级制度，促进学生的自我管理

（1）建立和完善班级管理的相关制度。辅导员应当依据班级的具体情况建立和完善班级管理的相关制度，如班级民主制度、定期开展班会制度、班务公开透明制度、班委民主选举制度、学生综合素质测评细则等，并在班级的日常管理工作中将这些制度强化和落实。

（2）努力将班级管理变为“团队作战”。随着高职院校招生规模的不断扩大，每个班级的人数也在不断增加，教师难以对每一个学生做到全面细致的管理。所以，只有加强学生的自主管理，将班级建设的任务交到学生手中，培养成熟的班委团队，在班级学生、班委和辅导员之间形成线性连接和纵向沟通，发挥班级组织管理的优势，这样才能真正确保班级管理的效果，形成“以学生为主体，以教师为主导”的教师管理和自我管理相结合的管理模式。

（3）明确学生的主体地位。辅导员要明确学生的主体地位，在班级管理工作中给学生提供充足的时间和空间，鼓励学生进行自主思考和探究，让学生感受到没有约束的宽松的管理环境，主动积极地学习，进而促进学习能力和自主管理效果的提升。

4．开展学生活动，促进学生的全面发展

提高高职院校班级管理工作的水平，还需要相关的教师积极设计并开展一些有趣的班级活动，如知识竞赛、技能大赛、演讲比赛、辩论赛、文艺汇演、成语接龙游戏等有助于学生思考、学习和放松身心的活动。这些活动能够有效激发学生的参与热情，在参与和筹划的过程中培养团结合作意识，锻炼学生的思考能力以及语言表达的能力，进而有效提升班级凝聚力，提升学生综合素质。当然，教师在活动过程中还需采用谈心谈话等方式鼓励学生，让学生能踊跃参与到各种班级活动中，培养学生"为班级服务和争光"的意识，增强学生的班集体荣誉感，充分发挥所有学生的特长，促进每一位高职学生的全面健康成长。

班级管理是一项复杂多元而又十分具有挑战性的工作，政府部门、学校以及班级管理者都需要做到与时俱进，以学生为本，完善相关法律法规，制定明确的规章制度，努力尝试各种能够帮助学生成长成才的管理方法，及时根据形势转变管理观念，始终以学生全面健康成长为出发点和落脚点，保证班级建设在高职院校学生管理工作中能够发挥积极的作用。

二、新时期高职院校学生管理工作的新方向

正如习近平总书记所指出的，目前我国各行各业都需要大批的高等科技人才和专业技术人才。高职院校作为培养高素质技能人才的重要基地，肩负起为各行各业输送人才的重任责无旁贷。但是随着高等职业教育教学规模的不断扩大和招生人数的不断增多，高职院校在学生管理方面的难度日益增大，在工作过程中出现的问题也日益增多。因此，抓住新形势下高职学生的特点，积极探索适合当前形势下的学生管理工作新方向和新方法，是摆在各个高校面前的重要问题。

1．坚持"以学生为本"的管理理念

正确的管理理念是实践教育教学改革的重要依据，也是促进高职院校学生管理的重要前提。当前形势下，在学生管理工作中加强以人为本思想的运用，建立和发展"以学生为本"的管理理念，切实做到人性化的管理正是高职院校教育改革的题中应有之义。

“以学生为本”，就是在管理中要以学生的需求为标准，将学生作为教育教学和管理工作的主体，从而优化高职院校的学生管理方案。高职院校学生正处在身心发展的关键时期，他们有较强的自尊心，十分看重教师对自己的看法，心思细腻而敏感，且对于事物的发展有自己的看法和判断。因此，传统的“填鸭式”教学和以教师为本的管理方式已经不符合当前学生的特点，若不尽快加以改进必将引起学生的反感，无法达到预期的管理效果。

学生管理者在工作中要坚持“以学生为本”的理念，充分发挥学生的主体作用，培养学生进行自我管理的主动意识，积极改善传统学生管理理念和方式的弊端，从而实现高职院校管理学生转向服务学生的管理模式。如教师面对学生的问题和缺点时，不能一味地批评和处分，应当注重教育的方式方法，尊重学生的独立人格；班主任在进行学生管理时，要把握高职院校学生的成长规律，真正了解学生进步和发展的需要，更好地围绕学生的学习和生活来开展管理工作；在日常教学中，教师也可以改变以往单一的长辈和管束者的角色，扮演学生的朋友或者亲人，时常进行换位思考，学会站在学生的角度思考问题。

另外，目前社会上对高职院校学生有着一些刻板印象，各种片面的说法对高职院校学生的发展产生着很大的负面影响，很容易使学生陷入一种自我怀疑的尴尬境地，让学生丧失信心并从思想上不相信自己。因此，“以学生为本”应当加强树立学生的自信心，使学生从思想上得到转变，成为自我发展的服务者，找到更加适合自己发展的立足点。班主任更要加强对高职学生职业观念的培养，鼓励学生正视自己的价值和位置，促进学生努力学习本职专业，加强对实践技能的参与和锻炼，培养学生面对现实、迎接挑战的勇气和能力，帮助学生以更好的状态去面对今后的职业生涯。

“以学生为本”的管理理念还体现在管理者角色的转变上，即将学生作为教学管理的主体，强化学生的地位，促使学生可以充分发挥自我教育、自我管理和自我服务的作用。这点是“以学生为本”的学生管理理念得到有效贯彻落实的重要一步，能够建立起学生容易接受的管理方式，也能够从根本上转变学生的思想及行为，促进学生主动积极地学习理论知识并进行技能实践，提升自己的综合素质，实现全面发展。

2．充分调动学生干部的管理积极性

在学生管理工作中，以辅导员为主的教师队伍无疑处于主导地位。但教师不可能一天24小时时刻与学生待在一起，那么充分发挥学生干部在学生管理中的关键作用，调动班干部积极进行自我管理就显得尤为重要了。在高职院校学生的管理中，组建一支得力的班干部队伍可以使教师的管理工作更加得心应手。因为学生干部来源于学生群体，又在管理中回到学生群体中，他们能够更加全面地了解学生，也更便于和学生进行沟通，更真实地了解和反映学生的真实情况，从而大幅提高学生管理工作的效率和成果。

在组建学生干部队伍时，辅导员要注意选拔具有号召力的学生，注重学生的组织能力和领导能力，衡量其是否能够将其他学生很好地团结、号召在一起。同时在选拔之后，还要学会用人，让班干部去做一些力所能及的管理工作，从而以学生管理学生的方式助力教学管理工作的开展，重视班干部以身作则、遵守班级管理条例意识的培养，发挥班干部在学生管理工作中的良好带头作用。

3．打造专业化、科学化的学生管理队伍

一支素质能力兼备的得力管理队伍是做好高职院校学生管理工作的基本要求，特别是辅导员队伍建设，辅导员是开展学生思想政治教育的骨干力量，是高职院校学生日常思想政治教育和管理工作的组织者、实施者、指导者。辅导员应当努力成为学生成长成才的人生导师和健康生活的知心朋友，恪守爱国守法、敬业爱生、育人为本、终身学习、为人师表的职业守则；围绕学生、关照学生、服务学生，把握学生成长规律，不断提高学生思想水平、政治觉悟、道德品质、文化素养；引导学生正确认识世界和中国发展大势、正确认识中国特色和国际比较、正确认识时代责任和历史使命、正确认识远大抱负和脚踏实地，成为又红又专、德才兼备、全面发展的中国特色社会主义合格建设者和接班人。

因此，目前只有建立起一支业务精湛、能力超群、作风优良的学生管理队伍，才能构建一个权责分明、分工明确的学生管理体系，促进学生管理工作走向专业化。

另外，在互联网和信息技术飞速发展的当今社会，高职院校还可以有效使用现代化技术和手段来建设现代化的学生管理队伍。近年来，随着各大高职院校扩招政策的不断落实，相关的学生管理工作量也日益增大，繁杂的管理任务下难免产生各种各样的疏漏，最终导致高职院校学生管理工作质量的下降。为了有效解决这一问题，提高学生管理队伍的工作效能，各大高职院校应当利用各种手段收集和整理与学生管理工作相关的各种信息，通过网络和信息技术建立一个云数据库并编制相关的应用软件，对学生实行信息化和数据化管理，从而有效弥补学生管理队伍人员匮乏的不足，促进学生管理工作走向科学化。

4．建立就业为导向的学生管理模式

高等职业教育既不同于传统的职业教育，也不同于普通高等教育。相应地，各大高职院校在生源、人才培养目标，以及学生管理工作上都具有不同于其他教育的职教特征。基于这一特征，我国高职院校应该着力建立以就业为导向，以培养学生技能为主的学生管理模式，着力培养学生的专业能力，为学生步入职业生涯打下坚实的基础。

（1）注重学生技能的培养。高职院校在进行学生管理过程中应该注重学生技能的培养，与和学生专业相关的用人单位紧密联系，培养专业性强的应用型人才。具体表现在对技能培养和第二课堂的重视上：高职院校的学生一般具有较强的动手能力和组织策划能力，因此，高职院校在学生管理中要侧重培养学生的职业技能，通过“创业计划大赛”“职业能力大赛”等达到“以赛代练”的目的；还可以通过开展专业相关的社团活动和社会实践活动，提高学生应用知识的能力，在第二课堂将学生培养成专业化、技能化的应用型人才。

（2）培养和提高学生的综合素质。面对当前社会越来越严峻的就业形势，培养和提高学生的综合素质刻不容缓。高职院校在学生管理时应积极开展素质拓展教育，重视学生的职业道德和整体素质的培养，着力将就业指导全程化和分类化。特别是辅导员，要为学生提供科学的职业生涯规划和就业指导以及相关服务，帮助学生树立正确的就业观念，引导学生到基层、到西部、到祖国最需要的地方建功立业。

另外，高职院校学生的管理工作还必须考虑到学生在具体就业时所面临的问题及其解决办法，实行学分制，将对学生的就业考核纳入学分制管理中，深入了解学生的情况。对一些家庭经济条件存在困难的学生，可以开设校园绿色通道，适当地进行资助和保障，为其推荐对口的岗位名额；还可以鼓励创办高职院校毕业生创业基地，并拨出一部分公益资金用于就业资助体系。在专业和产业结合方面，可以引进一些社会上的投资合作，让高职院校真正地走向社会，为各行各业、各个岗位提供大量所需要的专业技术人才。

5．建立激励措施的学生管理模式

以事后追责和惩罚为主的强制性传统管理方式已经过时，要做到当前教育要求的防御性管理，激励措施的使用势在必行。它能够培养学生积极上进的心态和良好的学习习惯，引导学生进行自我约束，主动设立并完成不同时期的学习目标，树立学习自觉性和自信心；它能够培养学生形成正确的世界观和价值观，对自己的职业生涯进行合理的规划，正确认知所选职业对社会发展的意义；它能够很好地预防学校违规事件的发生，有利于构建和谐的校园环境。

教师在采用激励措施管理学生时，要耐心细致地指导学生，运用各种机制来调动学生的积极性，在过程中形成自我约束力和自我激励的信念，从而积极配合学校管理。另外，高职院校在对学生进行激励管理时需要做到因人施教，运用多样化的激励措施使激励政策适用不同层次、不同心理、不同个性的学生，使高职教育真正成为具有针对性和目的性的教育模式。

具体的激励措施如下：

（1）以职业发展为导向进行激励。教师可以对学生的表现和兴趣等进行系统的分析和总结，制定出学生职业发展的方向，激发学生为职业目标而不断完善自我的动力。

（2）合理运用奖惩措施。所谓的奖惩措施可以解释为“奖勤罚懒法”，奖勤是对那些表现优秀、参与活动积极、配合学校管理的学生进行相应的奖励，鼓励其继续努力；罚懒是对那些表现不好、行为惫懒、不配合学校管理的学生进行适当的惩罚，约束他们及时改正错误并向优秀学生学习。

（3）典型和榜样激励法。在学生管理工作中，可以将表现好的班级和个人树立为典型和榜样，开展形式多样的评奖评优活动，在学校内宣扬他们的优秀事迹，起到正向带动的作用，促进其他学生向之学习并不断全面发展。

（4）信任和关怀激励法。高职院校的学生正处在需要信任和尊重的年龄，教师在学生管理工作中采用感性管理的方法，给学生足够的自由和尊重，建立起良好的师生友谊，给予学生真诚的鼓励和引导可能会发挥出意想不到的效果，给学生无比的力量，从而更有利于学生管理。

6．充分运用信息化提升高职院校学生管理质量

互联网技术、信息技术等高新科技在高等学校和大学生群体中十分受欢迎，它们与高职院校自身的发展和学生的日常生活和学习都有着十分密切的联系。如今信息技术不断发展和进步，学校的管理手段要与时俱进，将对高职院校学生的管理与计算机网络技术相结合，用先进的计算机技术来替代人力工作，处理烦琐的学生管理事务，不断提高高职院校学生管理工作水平和质量。

（1）信息化是高职院校教育教学发展的必然趋势。

①提升工作效率。工作效率方面的机遇，即信息化能够实现学生管理工作的科学数字化，提高学生管理工作的时效。

现代信息技术对高职院校的学生管理工作产生了巨大的影响，为学生摆脱事务性束缚平台机制，促进业务规范化，实现科学的学生管理提供了机会，为提高学生管理工作效率奠定了基础。据调查，信息技术为学生管理人员查找和查询学生信息提供了方便，也在一定程度上简化了事务性工作，节省了不必要的人力，减少了人为失误。同时，将信息技术引入高职院校学生管理中，还整合了学生管理的内容，促进了学生管理工作流程的规范化、科学化，提高了学生管理人员的工作效率。

如一些高职院校积极探索学生管理信息化。以学生电子信息平台为依托，建立了以学生为中心的信息教育模式，并取得了一定的效果。现在高职院校都是以学生为中心，借助学生综合管理平台，将与学生学习生活密切相关的内容进行整合，简化流程，发挥各部门的功能，改变原有的直线式学生工作管理结构模式，形成以学生为主体，其他人员为其服务的循环结构模式，促进了高等职业教育发展，使学生管理更加高效。

②创新管理方式。管理方式方面的机遇，即信息化能够推进学生管理工作走向民主化，密切师生之间的交流。

传统的高校学生管理模式倾向于以管理人员或者教师为中心的行政管理模式或者外控性管理模式，这两种模式至今仍在大部分高职院校表现得十分明显。考虑到学生的个体发展需求、强化学生的主体地位和加强师生之间情感联系的迫切需要，高职院校学生管理工作引入信息技术是必由之路。中国网民规模正在不断增大，几乎占全国人口的2/3，年轻人更是有超过九成的用户每天都会使用微信。高职院校学生作为具有一定的文化层次和拥有很多碎片化时间的群体，能够熟练地使用信息技术带来的相关服务，也能够更加轻易地接受而消化来自网络的海量信息，这为推进高职院校学生管理工作信息化提供了必要的前提。

另外，高职院校学生管理工作引入信息技术是顺应大数据时代的需要，极大地节约了学生管理人员的时间成本和学校的空间成本。在学生管理中运用信息服务工具，可以充分发挥新媒体的优势，注重有针对性的服务，打破思想政治教育的时空制约，密切师生沟通，促进管理民主化。学生管理人员还可以利用信息服务，及时宣传工作进展、时事、典型案例、先进思想，促进思想政治教育多元化，创新高职院校学生管理工作模式。

③促进交互合作。交互合作方面的机遇，即通过信息化能够促进学生管理部门之间的合作，促进数据资源共享。

高职院校学生管理工作是一项与学生的成长成才有着密切关联的工作，需要各部门、辅导员及相关人员的相互配合，才能使学生管理工作顺利开展，否则将无法达到实效。高职院校在学生管理工作中引入现代信息技术，注重部门的交互合作、数据共享，可以充分发挥部门合作优势，实现各部门合作结果一加一大于二的效果。

在高职院校学生管理过程中，与学生有关的事务一般涉及教务处、学生处、招生就业处、后勤管理中心、财务处等多个部门。因此，在信息化建设中，各部门的相关子数据平台与中央数据交换平台兼容，相关业务数据可以在中央数据库中共享，从而为建立数据校园提供了方便，也简化了烦琐的业务工作。它不仅实现了数据资源的共享，实现了相关数据与学生管理工作的准确一致，还为学生办理业务和学生管理人员操作系统提供了方便，促进了各职能部门的共享开展“以学生为本”的相关业务，规范业务流程，全面保障学生权益。

④发展趋势。发展趋势方面的机遇，即信息化能够促进学生管理系统的动态化，激发学生管理的主体意识。

长期以来，我国高职院校的学生管理工作已经逐渐形成较为成熟稳定的模式，拥有了完整的工作思路和相配套的制度体系，但这种长时间流传下来的模式也容易存在僵化单一的倾向。最明显的是这种成熟稳定的学生管理模式缺少学生管理人员、职能部门工作人员、系部辅导员和学生之间进行相互沟通交流的平台，学生作为学生管理的主体，其思想动态、参与态度及价值判断却没有机会得到展示，甚至整个学生群体的自我意识都得不到充分的发挥。

在学生管理工作中，借助现代信息技术搭建“以学生为中心”的管理信息平台，一方面可以调动学生管理人员的积极性，端正职能部门工作人员的参与态度，激励各方积极参与、自觉配合，真正做到就教育目标达成一致意见；另一方面，“以学生为中心”的管理信息平台为学生创造了自由表达、自主选择的空间，增强了学生的主体意识。它还为学校师生和管理者提供了一个强大的操作访问集群平台。高职院校学生管理信息化建设，可以充分发挥信息本身覆盖面大、信息量大、操作方便等特点，促进学生管理工作突破固定思维方式，不是坚持相对稳定的规章制度，而是在“培养什么样的人、怎样培养人”上下功夫，真正实现动态管理体制，使高职院校学生管理工作真正落实培养学生成长成才的核心。

（2）信息化为高职院校学生管理工作带来新机遇。在高职院校学生管理工作中进行信息化系统建设是一项复杂且艰巨的工程，需要充分调动一切积极因素，全方面着手推动学生管理工作信息化的步伐。

①借助教育信息化，构建学生管理工作信息平台。信息技术对教育发展具有革命性的影响，必须高度重视。要充分利用优质资源和先进技术，创新运行机制和管理模式，整合现有资源，建设先进、高效、实用的数字教育基础设施。教育信息化是教育改革和深化发展的强大动力。在数字化校园建设的大潮中，高职院校学生管理需要明确目标，借助教育信息化手段，以学生为中心，梳理信息资源，优化学生管理工作流程，利用信息技术构建全面系统的学生管理信息平台，以优质高效的服务，做好育人工作。

构建学生管理工作信息平台最重要的内容就是学生管理工作的数字化建设，即高职院校学生管理的内容，包括学籍管理、教学资源、日常表现、心理咨询、职业生涯规划、后勤服务等，与相应的管理信息数据库集成，以相对固定的程序标准输入系统中，数据可以在不同的计算机上存取，不仅方便学生管理人员在服务中开展教育工作，还使学生能够自由、独立地进行自己的训练。系统还可以定期备份数据，按需恢复系统，优化和更新管理程序，处理信息，删除无用数据，实现信息的高效利用，促进学生管理平台的规范化、系统化和科学化。高职院校学生管理信息平台不是简单地将事务调整到互联网上，而是以“服务学生”为核心，按模块和层次设置工作内容，根据内容设置相关登录权限，简化烦琐手续，拓宽学生信息渠道，提高管理效率，提供优质的信息管理服务。

②更新吸收经典信息化建设的理论，形成高质量信息服务理念。高职院校

学生管理信息化建设的前提是更新观念，即吸收和整合相关经典理论，将隐性理念与显性理念相结合，最终使学生管理工作在以人为本的理念指导下，最大限度地利用信息技术为学生服务。以人为本、服务推荐理念是高职院校学生管理信息化建设的主要理论支撑，是信息服务理念的重要组成部分。

“以人为本”的理念是在教育中尊重和理解学生，从而帮助学生解决问题。教育工作者要和学生处于平等地位，了解学生的身心特点和个体差异。在学生管理工作中，遵循以人为本的理念，就是要顺应时代潮流，立足于学生身心发展规律，为学生提供一个有利于发展内在潜能、促进学生成长成才的平台，将信息网络平台与实际服务有机结合，从而切实提高管理质量和管理效率，真正为学生服务。

第三节　高职院校学生管理工作实践

习近平总书记在全国高校思想政治工作会议上指出，要坚持把立德树人作为中心环节，把思想政治工作贯穿教育教学全过程，实现全程育人、全方位育人，努力开创我国高等教育事业发展新局面。

一、“三全育人”与学生管理

高校立身之本在于立德树人，“三全育人”则是高校落实立德树人根本任务的有效路径。新时代高校学生管理工作坚持和加强党对高校的全面领导，以立德树人为根本，以理想信念教育为核心，以社会主义核心价值观为引领，以全面提高人才培养能力为关键。高职院校学生管理围绕“三全育人”，对培育当代优秀学生，增强国家的核心竞争力，具有十分重要的意义。

二、高职院校“三全育人”实践路径

（1）党委统筹领导，将“三全育人”摆到学校中心工作。加强党对高校思想政治工作的领导，落实主体责任，建立党委统一领导、部门分工负责、全员协同

参与的责任育人体系，坚持辩证统一，科学认识把握思想政治工作的定位，整合学院所有育人资源，将促进学生成长作为学校一切工作的出发点，将思想政治工作融入办学全过程，落实到教职工的工作职责中。

（2）强化全校教职工育人职责，形成全员育人新格局。

①构建全员育人体系。学校领导、行政人员、专兼职辅导员、一线教师、教辅人员、后勤服务人员等都要加入育人工作队伍中，构建“2+4 的育人模式”，即构建大教学、大思政两大体系为主，管理、后勤服务、社会、家庭四个方面为辅的育人模式。坚持专职与兼职结合、解决思想问题与解决实际问题结合、教育与自我教育结合、学校教育与社会教育、家庭教育结合的原则。全校教职工主动承担起对学生进行正确价值引领和优秀品质塑造的责任，增强全员育人意识，形成全员育人的浓厚氛围。

②强化全员育人职责。制订学校各个岗位的育人职责，充分挖掘各部门、各岗位的育人元素，将育人工作渗透到行政管理、教育教学、生活服务等各项工作中，一切工作围绕学生、关照学生、服务学生。从部门负责人、教师到宿管员和保洁员，各个岗位上履行管理育人、服务育人、教书育人的职责，形成全员育人工作合力。

③提高全员育人能力。学校加强教师课程思政能力建设、思想政治理论课建设、辅导员队伍建设、各岗位管理育人能力建设。教师既要以培养学生专业能力为重点，又要将思想教育融入所在课程教学之中，在抓教学组织管理工作的同时，又要抓教师教学能力成长建设，使育人与教师成长相适应，建设一支育人与育技“双能型”的教师队伍。思政课教师要准确把握思想政治教育的内在要求与尺度，善于在历史和国际比较中凸显中国特色和优势，讲好中国故事，发出中国声音，推动思政课改革创新，提升高校思想政治理论课教学质量。辅导员要提高专业水平和职业能力，恪守爱国守法、敬业爱生、育人为本、终身学习、为人师表的职业守则，不断提高学生思想水平、政治觉悟、道德品质、文化素养，努力成为学生成长成才的人生导师和健康生活的知心朋友。其他各个岗位教职工都要明确自己的育人职责，严格要求自己，不断完善自己，提高育人水平和方法，为全员育人贡献力量。

（3）制订学生发展育人规划，建立全过程育人新机制。

①重视各育人环节。遵循思想政治工作规律和教书育人、学生成长规律，针

对学生成长的不同时期，从学生一进校门到毕业，从每个学期开学到结束，从早上起床到晚上就寝，从双休日到寒暑假，学校在各环节思想政治教育都要有计划性、针对性，要将思想育人、学生管理育人、美育育人、体育育人、传统文化育人、创新创业育人、心理育人、就业育人等完美结合、无缝对接，在培养学生综合素养能力上下实招，出成果。

②做好学生三年规划。学生在校的三年时间，在坚定理想信念上、厚植爱国主义情怀上、加强品德修养上、增长知识见识上、培养奋斗精神上、增强综合素质上下功夫。学生工作处牵头细化育人规划，制订学生三年规划，学生个人制订成长计划，明确每个学期的学生培养重点和成长任务，建立起分学期的目标评价机制。着重培养学生的政治素养、技能素养、身体素养和综合素养，促进学生德、智、体、美、劳全面发展，将提高学生四种能力素养贯通融入人才培养全过程。

（4）明确各部门、单位育人任务，构建全方位育人新体系。

①学校层面：学校充分发挥课程、科研、实践、文化、网络、心理、管理、服务、资助、组织等方面工作的育人功能，细化学校“三全育人”建设标准，根据各部门工作职责将具体任务分解，每一项育人环节有校领导负责和牵头部门，每一项具体工作有部门落实，切实构建“十大育人”体系。

②二级学院（教学系部）层面：二级学院要聚焦科研育人、课程育人，积极探索育人育才和二级学院党建工作对接融合的有效模式，充分发挥党总支的政治保障功能，利用党组织、团组织协同育人的组织优势。学校组织各学院申报并遴选学校“三全育人”综合改革试点学院，试点学院制定“三全育人”综合改革试点建设标准，并按要求完成各项育人目标。

③育人基地建设：学校建设和挖掘对学生成长有益的育人基地，校内建好湖南省“大众创业、万众创新”示范基地，着力培养学生的社会责任感、创新精神和实践能力；运用好校内实验实训室、民族团结教育基地、心理素质拓展等基地；校外建立一批爱国主义教育基地、企业实训育人基地、志愿者服务基地、“三下乡”实践基地、勤工助学实践基地等，充分发挥校内、外育人基地功能，让学生在教室外“新的育人环境”中，参与实践活动，受到德育教育，增强实践育人成效。

（5）打造思政工作育人品牌，提高育人实效。用新时代中国特色社会主义思想铸魂育人，贯彻党的教育方针，落实立德树人根本任务。学校大力推进铸魂工程，具体从爱国主义教育、民族团结教育、传统文化育人、课堂思政育人、第二课堂实践育人、行为规范养成、体育育人、劳动育人八个方面下功夫，每一项都有牵头部门，并制订具体实施计划，各部门配合落实，努力构建德、智、体、美、劳全面发展的人才培养体系。

（6）落实责任清单，推动各项工作落地生根。

①提倡领导示范。学校党委领导班子成员和部门单位负责人要主动进课堂、进班级、进宿舍、进食堂、进社团、进讲座、进网络，深入一线联系学生，把工作重心下移到基层单位，工作重点放到学生思想政治工作上，体察校情、关爱学生、答疑解惑、解决问题，切实将思想政治工作做到学生的心坎上，推动形成育人合力。

②加大成果交流。每年开展“三全育人”工作推进会，经常性开展典型示范交流活动，学校网站、易班、广播站等媒体要及时宣传“三全育人”的最新进展，更好分享与学习工作经验，全面促进各项工作的提升，在学校形成“对标促提升”的良好机制，营造“比学赶帮超”的浓厚氛围。

习近平总书记在全国教育大会上指出，培养什么人，是教育的首要问题。我国是中国共产党领导的社会主义国家，这就决定了我们的教育必须把培养社会主义建设者和接班人作为根本任务。这是教育工作的根本任务，也是教育现代化的方向目标。全员、全过程、全方位育人的战略目标，对新时代高等教育发展提出了更高的要求，强化学生的思想理论教育和价值引领，着力培养德、智、体、美、劳全面发展的社会主义建设者和接班人。

第三章　高职院校人力资源管理研究与实践

习近平总书记说：一个人遇到好老师是人生的幸运，一个学校拥有好老师是学校的光荣，一个民族源源不断涌现出一批又一批好老师则是民族的希望。教师作为全员育人的重要主体，肩负着培养德、智、体、美、劳全面发展的社会主义建设者和接班人的神圣使命。

全员育人要求全体教职工都要成为育人者，其一言一行、一举一动都要履行育人职责、产生育人之效、实现育人无不尽责。高职院校要实现全员育人的新要求，就必须建立一支高水平、高素质的教职工队伍，因此，高职院校要紧密围绕这一目标，牢固树立教师是学校发展第一资源的理念，高度重视学校人力资源的有效利用，以各类岗位人员的特点为依据，切实加强对人力资源的系统规划和整体开发，构建以教师为主体的全校教职工管理体系，促进学校人力资源优化匹配。

第一节　高职院校人力资源管理概述

美国钢铁大王卡内基曾经说过：“假如把我的企业烧掉，但把人留住，20 年后我就还是钢铁大王”，这句话充分体现了人力资源对于一个企业和组织的可贵之处。“人力资源是第一资源”，它对企业和组织来说是最宝贵的资源，对生产力的发展和进步起着决定性的作用。高职院校的人力资源更是影响学校正常管理的重要因素。加强高职院校人力资源管理，对落实以人为本和可持续发展的教学观至关重要。

一、高职院校人力资源管理的特点和内涵

1. 现代人力资源管理的特征及要求

（1）现代人力资源管理的特征。高职院校人力资源管理具有以下几个特征：第一，面对社会经济发展的不断变化，社会对高职院校的发展提出了更高的要求，也对高职院校的人力资源管理工作提出了挑战。它需要从各个层面不断提高人力资源管理能力，这也证明了人力资源的使用和发挥有很大的空间。第二，社会在不断发展，学校也必须跟上时代的发展，否则就无法培养出有用的人才来适应时代的发展，那么，人力资源的管理必须随着社会的发展而发展。第三，人力资源必须在动态变化的过程中不断完善，才能发挥其真正的作用。第四，人力资源在具有高回报效率的同时，具有很大的不确定性。

（2）现代人力资源管理的要求。

①把人力资源的开发提升到本单位的战略地位。要实现现代人力资源的人本管理，必须把人力资源的开发提升到本单位的战略地位。要高度重视员工个人情感、自尊和个人价值的体现，把人才作为本单位的重要资源，充分激发人的潜能，调动人在人力资源管理中的主观能动性，使员工感受到自己是单位的主人翁，能自觉、积极、创造性地开展各项工作。

②重视人员的整体开发利用。要认识到现代人力资源管理是变化上升的动态管理，要做到重视人员的整体开发利用。这一点体现在企业单位或者组织必须根据部门岗位和员工个人的实际情况，制订人员的职业生涯发展规划，定期进行横向或纵向的各部门岗位职务调整，不断深挖每个人的潜能，从而真正做到发挥个人创造价值的能力。

③强调管理的科学化。现代人力资源管理就是要开展以人为中心的各项工作，突出管理手段的现代化、系统化、科学化，构建和谐合作的关系，加强人与人之间的融合，增强团队精神，真正实现人人都能在一个心情好的环境中充满热情地工作，并对自己的未来充满信心。

④具有不断拓展的职能。现代人力资源管理应当具有不断拓展的职能，如今的人力资源部已不是原来单调的调入、调出管理和简单的流程管理，而是拓展了新员工培训，职业技能考核，指导教师制订个人发展规划、员工各类工作规划等工作流程。

⑤管理地位上发生了重大变化。现代人力资源管理在管理地位上发生了重大变化。随着知识经济的不断升级，人才的开发越来越重要，人力资源已成为本单位增强竞争优势的关键资源。在研究企业、学校等事业单位的发展目标和战略定位时，首先要考虑未来人力资源的配置，注重人力资源的开发、培训和使用，使人力资源成为核心资源。在日常管理中，人力资源管理的地位也受到高度重视，每个单位的许多重要工作都应该从人力资源部开始。

2．高职院校人力资源管理含义

人力资源又称人力资本，它包含广义和狭义两个范畴。

（1）广义。广义的人力资源是指在一个国家或地区中处于劳动年龄、未到劳动年龄和超过劳动年龄但具有劳动能力的人口总和。

（2）狭义。狭义的人力资源则是指一定时期内企业或组织中的人员所具备的能够为企业所用，且在为企业创造价值的过程中起到贡献作用的教育、技能、经验、体力等能力的总称。

更进一步讲，人力资源就是企事业单位等独立经营团体中的人员所需要具备的能力资源，如学校教师所需要具备的学科知识、实践技术和教育基本功等。

展开来说，高职院校人力资源是对推动高等职业教育发展，在工作中从事智力劳动或体力劳动，通过理论、实践教学或其他方式为社会培养高素质技能人才的教职工人员的总称，其中不仅包括人们普遍了解的从事教学和科研的教师团体，还包括那些从事行政管理和后勤服务等工作的其他人员。高职院校的人力资源总体来说由四个部分组成，分别是教学科研人员、党政管理人员、后勤服务人员和校办产业人员。

高职院校人力资源管理是广义人力资源管理的一个分支，也是高职院校管理工作的一个重要组成部分。它指的是高职院校在管理过程中运用现代化、科学化的管理方式和方法，对学校全体工作人员进行有组织、有计划的培训、组织和调配，使人力资源和物质资源得到很好的结合，同时，对人员的思想意识和行为心理进行合理、适宜的诱导、控制和协调，使人力和物力在保持较佳比例的基础上尽可能创造更高价值，从而充分发挥人的主观能动性，达到“物尽其用，人尽其才”的用人目标，最终实现办学目的的活动。

高职院校人力资源管理需要将学校所需要的人力资源吸引到学校中，通过人才引进机制使他们安心在学校工作，通过各种激励手段来调动他们的工作积极性，通过人力资源开发和培养挖掘他们的潜力，确保他们在从事科研、教学、管理和服务的同时实现自我的价值追求。

3．高职院校人力资源管理的特点

探索高职院校人力资源管理的特点首先要考虑一般人力资源的特征，主要表现为能动性、时效性、连续性和消耗性四个方面。

（1）能动性（即可能性）。人力资源管理的这一特点揭示了其具有可塑性，企业和组织能够在培养和用人过程中通过各种方式对人力资源的潜能进行充分的开发和利用，促进人力资源的不断成长。

（2）时效性。时效性是对人力资源管理本身能力存续时间的概括，这一特点说明必须对人力资源管理进行适时的开发和及时的利用，只有在恰当的时间投入合适的人力，才能确保人力资源在企业单位和组织价值创造的过程中发挥最佳效用。

（3）连续性。连续性指的是人力资源管理在使用过程中表现出的可持续开发性，它不像一些物质资料具有使用次数的限制，反而在开发之后还可以继续开发，在不断使用的过程中实现经验和能力的积累，即一种常用常新的特点。

（4）消耗性（又称磨损性）。人力资源管理的连续性并不代表着人力是可以永续使用的，随着时间的推移和社会的发展，他们也面临着自身体力的下降、知识储备的消耗和技能的老化等方面的威胁，这就对企业和组织的人力培养与开发机制提出了新的要求。

但除具有一般人力资源管理的以上四个特点外，高职院校人力资源管理还具有一些特殊性。特别是在职业教育迎来发展机遇期的当今社会，高职院校正呈现出前所未有的发展势头和招生规模，随之而来的是如何迅速地从规模扩张转向质量提升上来的问题，这对高职院校人力资源管理也提出了新的要求。因此，认识高职院校人力资源管理的特点，对于在现代化人力资源管理理念的指导下进行人力资源管理工作具有重要的意义。

（1）工作性质和内容上存在不确定性。区别于一般人力资源管理，高职院校人力资源管理在工作性质和内容上存在不确定性，特别是对于那些从事教学工作和科研工作的脑力工作者而言，学校管理者往往很难按照严格的标准来规范和评价他们的行为。

（2）需要较长的时间积累。由于高职院校人力资源管理构成的特殊性，加之教育工作者的知识、技能和教学水平很难在短时间内有质的提升，反而需要较长的时间积累。因此，判断高职院校人力资源管理是否能够胜任其所在的岗位，需要一个较为漫长的过程，这点在很大程度上局限了高职院校人力资源管理的优化配置。

（3）人力资源管理的能力要素。高职院校汇聚了大量具有较高学历和较高技术能力的高层次知识群体，他们对实现自我价值的追求和获得社会认可与尊重的渴望比起物质补偿要更为强烈。因此，高职院校人力资源管理必须将单位文化和精神环境建设放在重要的位置，在满足人力资源管理生存物质需求的基础上，为他们提供追求更高层次的人生目标的平台和机会。

（4）人力资源管理绩效考核的难度大。正所谓“文无第一，武无第二”，文化和知识的海洋浩瀚无垠，那么以传授文化和知识为主要目标的教学效果和科研成果等工作的质量就很难量化，这自然增加了高职院校人力资源管理绩效考核的难度，一定程度上给高职院校人力资源管理工作提出了许多难题。

高职院校之间的竞争实际上就是高职院校人力资源管理之间的竞争，也正是由于高职院校人力资源管理具有上述的四个特点，更应当认识到做好当前高职院校人力资源管理工作的意义和重要性，完善人力资源管理观念、制度和方法，提升高职院校人力资源管理的水平，实现我国高等职业教育的长远可持续发展。

二、高职院校人力资源管理的意义和重要性

高等职业教育是我国高等教育的重要组成部分，是我国职业教育在高层次和高等级的体现。改革开放以来，我国高等职业教育已经实现了规模上的跨越式发展，但迅速地扩招和扩建也伴随着办学效果和质量上的挑战。如何成功完成高职院校人才培养模式的转型，如何达成培养高素质技术应用型人才的目标，如何提高高职院校的教育教学质量，将是高职院校在未来较长一段时间内走中国特色高职教育发展之路的重中之重。人力资源管理是一个组织竞争优势的源泉，高职院校的人力资源管理是学校生存和发展的根本资源，能够迅速地转变为其他资源，其优劣直接关系到学校的兴衰。

1．有助于实现高职院校的育人目标

高职院校是我国职业教育的重要基地，每一所高职院校都以培养出社会各行各业

需要的高素质技术技能人才为最终目标。如今信息化社会不断发展，生产、建设、管理、服务一线都对技能型人才的素质和能力提出了更高层次的要求。而在人才需求方面，目前市场上人才供给不足的问题日益突出，人才结构合理性的问题日趋明显。

在这一背景下，高职院校要实现人才培养目标，就必然要加强教育教学活动和学校人力资源管理工作的开展，完善人才引进机制，提高人才培养和开发的水平，快速跟上职业教育的人才需求。高职院校人才培养目标的实现离不开学校教职工的辛勤劳动，更离不开有效合理的教育教学活动的开展。而根据现代管理心理学的需求理论，需求是推进人员行为的重要动力，也是激励人员行动的出发点。高职院校在进行人力资源管理工作时，只有做到满足教职工的物质需求和自我发展需求，才能激励高职院校的教职工发挥他们的教学能力、科研能力和创新能力，充分调动他们的工作积极性和主动性，推动他们在各自的岗位上发挥优势、努力工作，进而实现学校的育人目标。

2．有利于提高高职院校的办学水平

高职院校的人力资源管理是高职院校从规模发展向内涵建设的重要推动力，其发展直接关系到高职院校的办学水平，关系到高职院校的长远可持续发展。因此，高职院校若要确保自身办学水平的稳步提升，保障其自身办学目标的稳步实现，就必须要注重高职院校自身管理工作的开展，其中尤以高职院校人力资源管理工作为重。

（1）有效引导高素质人才。加强高职院校人力资源管理工作的开展，能够有效引导高素质人才，使学校全体教职工的能力和优势得以充分发挥，继而为学校开发和培养更多优秀的骨干人才，促进高职院校办学质量和内涵建设的发展，确保职业教育特别是高等职业教育现代化水平的稳步提升。

（2）推动高职院校可持续发展。加强高职院校人力资源管理工作的开展，还能够最大限度地确保学校各种资源的合理分配，促进物力和人力的科学结合，从而不断提高学校的职业教育水平，推动高职院校可持续发展目标的稳步实现。

第二节 高职院校人力资源管理工作现状与思考

随着高职院校扩招政策的不断落实和高等职业教育的快速发展，高职院校自身体制的改革需要提上日程。然而，很多高职院校目前仍然聚焦于学校教学成果的量化和生源市场的竞争上，忽视了科学的管理制度对办学质量的影响。人力资源是第一资源，它对推动高职院校各项工作顺利开展，实现学校的发展目标具有十分重要的作用，吸纳人才、用好人才、培养人才已经成为当前高职院校人力资源管理工作的重要内容。伴随着扩招政策下人才竞争需要的不断增强，学校规模扩大到一定程度，人力资源管理中的矛盾也逐渐显露出来。解决好这些问题，针对当前社会的新形势调整管理理念、创新管理方式、完善管理机制，探索出高职院校人力资源管理工作的正确方向有着重要的意义。

一、高职院校人力资源管理工作存在的问题

1．人力资源管理理念落后

时代在发展，高等职业教育的模式和特点也在随之变化。然而，当今社会许多高职院校仍然使用传统的粗放式人事管理，施行较为落后的人事管理理念，这种理念将人力视为成本，因而，想方设法地想要减少人力投资来降低成本。另外，传统的人力资源管理理念通常反映管理者的意志，人事部门的角色也停留在监督、控制和操作性管理上，强调以事为中心，要求人员被动地适应工作和事务，而较少对教职工关心或仅停留在关心生存需求的层面，忽视了他们的职业追求和自我价值实现的需要，人力仿佛仅仅是用来开展管理和控制工作的工具，大大违背了“以人为本”的时代理念。

2．人才引进机制不够健全

引进人才工作在高职院校的人力资源管理中有着举足轻重的地位，引进人才机制是否健全直接关系到高职院校所引进人才的综合素质和业务水平的高低，而这些则是高职院校核心竞争力的重要表现。尽管目前各高职院校对人才引进工作都已经给予了足够的重视，但在工作开展的过程中仍然存在较多问题。

（1）缺乏明确的目标。高职院校在人才引进方面缺乏明确的目标，具有一定的随意性和盲目性。一方面，一些高职院校在人才引进时，一味地追求教学水平评估要求中的高学历和高职称，往往忽视了对人才的专业技能、职业道德水平和职业抗压能力等方面的考察；另一方面，高职院校在人才引进时不够细致，对要引进的人才类型、数量、层次、素质标准和来源范围等没有进行认真、系统的分

析和规划，不同程度地忽视了学校专业建设和师资队伍建设的实际需要，最终出现人不配事、资源配置失调和工作效率低下等问题。

（2）引进方式和渠道十分单一。高职院校人才引进自主权没有真正落地，无论是人才引进的申报还是实施均受到一定程度的制约。这种状况导致高职院校的引进方式和渠道十分单一，它们往往被动地等待人才主动前来寻求岗位，而不是主动出击到高等院校、人才市场、企业组织等中去广觅良才。然而在人才需求量越来越大的当今社会，稳坐钓鱼台等待“愿者上钩”的姜太公式引进机制已经过时，不能适应激烈的人才竞争市场。高职院校必须做“三顾茅庐”的刘备和礼贤下士的曹操，通过网络筛选简历、在高校开办校园招聘会、选调其他企业组织的优秀人才等措施和机制吸引人才，从而引进更多学校岗位所期盼的人才。

（3）引进后的发展空间不大。

（4）高职院校人才引进后的安置也不合理。很多高职院校在引进人才之后缺乏有效的机制将人才安置落实到最适合其发展和发挥能力的岗位上。人才的成长需要好的土壤和条件，高职院校与本科院校相比在教学科研条件、教师成长的激励机制等方面还存在比较大的差距，高层次人才成长通道不够畅通，造成部分高层次人才水土不服，发展空间受限。

3．人力资源结构不尽合理

许多高职院校是由原来的中专或者成人高校升格转型而来的，它们的人力资源在结构和配置上存在一些不合理之处。

（1）人员结构矛盾。高职院校的人员结构基本上是以学校原来的师资队伍作为班底，中职教师数量较多，高学历和高职称的人才相对来说比较匮乏，从而导致高职院校人力资源中存在教师总量过剩与真正所需人才匮乏的矛盾，即新设专业的教师不足，老旧专业的教师相对富余。

（2）理论知识和实践操作技能矛盾。高职院校教师在学历、职称、年龄、知识和技能方面也存在结构性的矛盾，来自高校毕业生的理论型教师富余，但缺乏来自企业行业第一线、兼有理论知识和实践操作技能的“双师型”教师和专业带头人。

（3）岗位配置矛盾。一些高职院校的人员岗位配置极其不合理，行政队伍十分庞大而教学队伍却相对薄弱。许多高职院校虽然实现了由中专向高职的升级转变，但行政色彩十分浓郁。学校的岗位配置和人事安排，特别是一些领导职位和管理岗位的安排存在因人设岗而非因事设岗的情况，这样就会造成外行管内行，重行政而轻学术的现象。另外，也会造成有人没事做，有事没人做，能做事的不想做，想做事的不会做等互相推诿、责任拉锯的局面。

4．人力资源培养和开发不到位

一些高职院校人力资源管理在开发和培养过程中存在很多问题。

（1）缺乏对人员的开发和培养意识。高职院校大多资金紧缺、财政拨款不够，加之缺乏对人员的开发和培养意识，对人力资源缺乏系统科学的培训规划，或者虽然有规划也多仅仅停留在预测学校人力资源数量的需求和可能的供给上，却很少考虑如何通过人才引进、开发和培养保证人才的可持续发展，提供与学校未来发展目标相匹配的人力资源，这严重影响了高职院校人力资源管理的效率。部分高职院校甚至没有对教师进行培训，人力资源管理仿佛只是在最开始的人才引进阶段发挥作用后便销声匿迹。

（2）高职院校的培训缺乏系统性和科学性。大多高职院校在进行人力资源管理的过程中没有明确的培训目标，即便有些高职院校对教职工进行了培训，但培训工作也开展得不够到位，培训方式单一，培训的内容相对单一，培训结束后也没有相应的考核办法，最终也并未能取得预想的培训效果。

5．人力资源人才激励机制不够完善

人才激励机制在人力资源管理中占有重要地位，高职院校的人才激励机制更是关系到教职工在校的价值创造和职业发展。目前，我国大多数高职院校仍然采用传统的激励方式，这种传统的薪酬激励制度和聘用制度，在调动教职工的主动性和积极性方面还存在很多不足。

（1）许多高职院校的激励机制缺乏连续性。所谓缺乏连续性是指部分高职院校没有建立一套长效的激励机制，往往只是针对学校某一项具体工作任务或某一个岗位实施一项激励措施，但是在日常工作中则缺乏科学长效的激励制度，造成教职工在这些有激励机制的特殊工作中表现积极，而在日常工作中却态度消极，缺乏主动性。

（2）激励方式和手段较为单一。高职院校的激励方式和手段较为单一，传统的激励机制过多地强调物质激励（如薪酬激励）的作用，而忽视精神激励等其他方式，即停留在对人才较低层次需求的满足上，缺乏对教职工精神需求的研究和满足上。这种只注重物质报酬的单一激励方式，忽视了人文环境和组织文化对人的巨大影响，往往会挫伤人才的工作主动性和积极性。

（3）高职院校的激励机制缺乏层次性。马斯洛的需求层次理论将人的需求分为生理需求、安全需求、社交需求、尊重需求和自我实现需求五个等级，依次由较低层次到较高层次。目前高职院校的激励机制大多还停留在较低层次上，缺乏适应个体需求差异的激励方式。不同性质工作人员有着不同性质的工作内容，自然也有不同的需求，高职院校在人力资源管理工作中应当在必要的工作分析和职位评价的基础上，对高职院校中的专业带头人、“双师型”教师、专职教学人员、行政管理人员和后勤人员采取不同的激励方式，尽可能满足不同性质工作人员不同层次的个人需求。

（4）高职院校人才绩效考核的方法不够科学，可操作性较差。目前，高职院校的绩效考核容易走向两个极端：一种是没有绩效考核，或者由于没有确定各专业教师应具备的能力和完成教学所需要具备的条件，使考核缺乏客观的量化标准和依据，还是在原来的老套考核方式中停留；另一种是将绩效考核的程序和运行过程设计得过于复杂，导致实际考核工作中可操作性较差，使得所有人要花大把的时间来制订自己的绩效计划，而管理人员则需要耗费大量精力在绩效考核和结果审查的琐事中，大大降低了高职院校人力资源管理工作的效率，影响学校的战略发展。

二、加强高职院校人力资源管理的对策

高职院校人力资源管理工作中出现的问题，已成为高职院校可持续发展的一大“瓶颈”，正严重制约着高职院校管理工作的有序开展，影响着高职院校的质量和内涵建设。在当前背景下，高职院校正面临着如何保持学校的全面建设和可持续发展的机遇和挑战，应该从整体入手，将解决过去出现的问题并探索出加强高职院校人力资源管理的新对策放在重要的位置。

1. 树立“以人为本”的人力资源管理新理念

人力资源是高职院校的核心竞争力和重要的战略资源，是高职院校可持续发展的中心。要想解决以往人力资源管理工作的种种问题，将人力资源管理工作落实到位，高职院校必须树立全新的人力资源管理理念，坚持以人为中心，将人作

为第一资源进行开发、培养、利用和管理，把充分调动教职工的工作主动性和积极性作为学校人力资源管理工作开展的出发点和立足点，坚持“以人为本”的理念建设，有效管理人力资源。

（1）转变价值观念。高职院校必须转变以往的工具价值观念，不再将教职工视为学校创造价值的工具，而是将其视为学校发展和建设的主体，让“以人为本”的管理理念深入学校人力资源管理的各个环节中，自觉地转变管理职能，逐步建立和完善以人才为中心的现代人力资源管理模式。

（2）创新思维方式和观念。高职院校应当创新人力资源管理的思维方式和观念，要“统筹个人利益和集体利益、局部利益和整体利益、当前利益和长远利益”，将注意力聚焦在如何引进优秀人才、开发培养人才、合理使用人才、有效保持和激励人才的工作上，努力挖掘人才潜能最大化，充分调动广大教职工的工作积极性和创造性，使之发挥出更大的作用，创造出更大的价值。

（3）打破传统观念。高职院校人力资源管理应当不断打破传统观念的羁绊和束缚，坚定地实现观念上的创新和行动上的改变。要树立长远的战略性眼光和战略性思维，以高等教育的规律作为办事的依据，在注重教职工的才能发挥和现实能力培养的基础上，还要着眼于对其潜在能力的开发和长远规划，积极营造良好、宽松、包容而又充满活力的人才发展环境，满足人才较高层次的人生需求，帮助其找到组织与个人价值的最大交集，进而形成人才辈出的美好局面。

2．建立健全人才引进机制

加强人力资源管理工作要求高职院校健全人才引进机制，拓宽人才引进渠道，合理配置和使用人才。具体表现如下：

（1）招聘符合需要的人才。高职院校应根据自身近期和长期的发展目标和专业建设目标，在全面了解自身所需人才类型、数量和技能的基础上，制订出师资队伍建设规划和管理队伍建设规划，根据专业发展需要和高职院校发展需要制订人才引进计划，加大人才引进的力度，从而招聘到真正符合高职院校发展需要且能够迅速适应岗位要求并上手工作的人才。

（2）建立和完善高职院校的人才遴选标准。高职院校应当建立和完善人才遴选标准，在注重高学历、高职称等专业水平的同时，更要注重对人员的职业技能与职业道德修养等方面的考察。为了加强学校的专业建设，高职院校不仅要从外部引进需要的高学历、高职称人员，还要从企业引进和聘请专业技能人才或者行家里手到高职院校来任职或兼职，逐步扩大“双师型”教师的比例。

（3）建立科学合理的人才配置机制。高职院校在引进人才后还要建立科学合理的人才配置机制。“闻道有先后，术业有专攻”，将最合适的人用在最适合的位置上，才能发挥出其最大的作用。在人才引进后，高职院校人力资源管理要落实各部门的岗位职责，明确各工作岗位应尽的权利和义务，并根据人员的个人特点，将合适的人才配置在真正能体现和实现他们价值的岗位上，使其在完成岗位目标和任务的同时实现个人的追求，达到事业留人的目的。

3．注重人才的开发和培养

高职院校人力资源管理要解决传统管理模式的诸多问题，就必须要注重人力资源的整体开发。人力资源的整体开发表现在两个方面：一方面是优秀专业技术人才和教师队伍的建设，另一方面是管理队伍的建设。

（1）建设一支高素质的教师队伍。教师队伍素质的高低是影响高职院校教育教学质量优劣的关键，也是决定高职院校生存发展的关键。在高职院校人力资源管理的过程中，注重教师队伍的开发和利用，建设一支高素质的教师队伍是头等大事。

①制订科学、规范的培训政策和规划。高职院校要制订科学、规范的培训政策和规划，设立用于教师培养与开发的专项经费，鼓励教师定期到相关企业单位进行生产实习或挂职锻炼，必要时可以为教师联系对接的企业岗位，聘用企业工程技术人员到学校兼职授课，不断促进教师实践教学能力和综合素质的全面提高。更好地完成国家示范性高等职业院校项目建设工作研讨会提出的“双师”团队建设任务，将人力资源管理的工作重点放在“双师型”教师队伍建设上来，实现由重学历、重职称向重技能、重企业实践能力的转变。

②制订系统、全面的师资培训计划。高职院校人力资源管理部门要根据教师的特点制订系统、全面的师资培训计划，并落实培训规划的实施。高职院校制订的计划需要以骨干教师为重点，以教师全员为对象，有计划、有重点地安排专业带头人、专业负责人、核心课程负责人等教师参加各种形式的业务培训，努力为专任教师提供实践锻炼的机会，继而通过他们的带头作用带动其他教师专业水平的提高。

当然，单纯的总体规划还不够，还必须设计能够使规划的目标得以落实的具体培训项目，针对当前高职院校专任教师不同的教学经验、背景和实践教学水平，有针对性地设计培训内容，包含对教师学历、学位的提升，对教师知识结构的改革及实践能力的培养，对教师思维心态及教育教学观念的调整等方面的内容。

总而言之，高职院校要努力为教职工搭建起适合他们的成长平台，通过不断地开发和培养为学校的持续高速发展提供充足的人才储备。

（2）加强管理队伍建设。加强管理队伍特别是人力资源管理部门自身的建设，是开发和培养学校人力资源，充分发挥人力资源管理职能的前提。

对此，应当完善对人力资源管理机构的设置，明确人力资源管理的职能和责任，注重对人力资源管理专业队伍的建设，加强对管理人员的专业培训，运用现代化信息技术等促进人力资源管理的专业化。

另外，高职院校还应深化管理干部的体制变革，如将以往的行政委任制改为聘任制或任期制，对中层干部实行公开招聘和竞争上岗，重视及时轮岗和加强岗位培训，努力提高管理部门领导的理论水平、领导能力和综合素质。

当然，高职院校的人力资源还包括后勤人员，对人力资源的开发和培养更不能忽视他们，应当努力为后勤人员创造全方位提升综合素质的平台，争取做到全员育人。对后勤人员应定期进行培训，除对工作内容和业务水平进行培训外，还需要注重爱国爱校的思想政治理论培训，提高高职院校后勤人员的思想道德水平和政治觉悟。具体培训上还可以采取分批进行实际技能培训及考核的方式，通过定期组织他们进行服务技能竞赛、服务技能问卷调查等各种活动，激励他们主动提升综合素质，激发工作的主动性和积极性。

4. 创新人力资源的激励机制

实行科学有效的人才激励机制，通过各种手段激发高职院校人力资源的潜能是加强人力资源管理的必由之路。因此，各高职院校应当根据学校自身的实际情况，创新并改进学校人力资源管理的观念，采取恰当的激励手段与措施，以人员为中心建立一套有利于调动教师积极性和开发利用教师潜力的长效激励机制，充分发挥人力资源管理工作队伍的激励作用。

（1）物质激励和精神激励方式结合。高职院校人力资源管理应当改变传统单一的物质激励手段，将物质激励和精神激励方式结合起来，发挥人才激励机制的最大效用。物质需要和生存需要是人最基础的需要，采取一定的物质激励手段是十分必要的。

然而物质激励的深度有限，高职院校在人力资源管理的过程中既要强化对教职工的物质激励（为员工提供具有吸引力的薪酬和稳定优厚的福利待遇），以此来稳定和吸引人才，又需要必要的精神激励，高职院校可以采取如评先选优、选派学习等手段满足员工实现尊重需求和自我发展需求。另外，对一些在教育教学工作中表现较为突出的教师应给予及时的肯定和褒扬，积极开展年度选先评优工作，并颁发荣誉证书和奖状，尽力为所有教师提供能够进一步发展和提高自我的机会。

（2）多层次激励。高职院校应当改变以往缺乏层次性的激励手段，针对不同员工的个人特点，采取多层次的激励方式。根据马斯洛的需求层次理论，可以知道人的需要具有五个从低到高的层次，高职院校的管理者在进行人力资源管理工作时应详细了解不同性质工作人员的需要，并将这些需要（特别是精神需求）与学校可持续发展的目标相结合，动态而灵活地采取各种不同的激励方式，从而有针对性地唤起全体教职工的工作热情。

（3）外在激励与内在激励相结合。高职院校人力资源管理中可以遵循外在激励与内在激励相结合的原则。外在激励指的是教职工能够从自己所处的外部工作环境中获得的激励，这些激励包括报酬、福利等物质激励和晋升、表扬、认可、嘉奖等精神激励等；相应的，内在激励是指教职工自身在未受到外部因素影响的情况下，能够从工作中所获得的精神和心理上的满足。通常，外在激励往往能有显著的激励效果，但这种效果，不太持久且不能形成长效的机制。相反，内在激励虽然过程长、形成难，但是激励效果十分持久和深远。特别是对高职院校的人力资源而言，他们多是有较高学历和较高综合素质的知识分子，对实现自我价值及得到社会的尊重和认可的期望值较高，需要内在激励。因此，要鼓励高职院校的教职工不断学习新知识和新技能，通过技能大赛等方式激发他们工作的责任感、自豪感和成就感，引起他们工作的主动性和积极性。高职院校的管理者应善于将外在激励与内在激励结合起来，借助外在激励激发兴趣，继而以内在激励为主形成长效的激励机制，力求使人力资源管理工作能够得到事半功倍的效果。

5．建立公平合理、科学有效的绩效考核机制

高职院校教职工绩效管理的公平合理与否，是衡量学校人力资源管理工作水平的重要因素，也是激发全体教职工工作积极性和主动性的重要一环。

（1）要明确绩效考核的目的。高职院校进行绩效考核并不仅是为教职工排名次，也不是要为教职工施加压力，而是要通过科学量化的绩效考核帮助教职工认识到自己在工作中的优点和缺点，针对自己的不足探索能够改进自己教学、科研、行政管理工作的方式方法，不断查漏补缺，努力提高自己的教学与管理服务水平。也就是说，绩效考核的真正目的其实是为了使教职工认识自己的潜力，帮助他们在实际工作中充分发挥自己的长处，弥补自己的不足，进而达到促进学校可持续发展的目的。

（2）要制定科学的绩效考核标准和体系。高职院校必须在科学合理地设置和分析工作岗位的基础上，明确各类岗位的职责，进而由专门的管理人员全面调查研究考核对象的工作性质和内容，认真地为不同工作岗位的教职工制定符合其工作内容和学校办学实际的考核量化标准。高职院校在对教职工考核时，应当建立完整全面的绩效考核管理体系，促进考核措施专业化和科学化，重视对教职工工作效能及业绩的考评，努力使学校的分配体现“按岗定薪，按岗取薪，按责取薪，按劳取薪，优劳优酬”的基本精神。

另外，新时代的绩效考核标准不应仅仅局限于定量的教学结果，如教师论文的发表数量、教师的课时量等，还应该将教职工科研成果的质量、教育教学的效果、学生对教师的满意度、教师未来的职业发展潜力等定性的要素列入考核标准。

（3）要采取科学合理的绩效考核方式。高职院校的人力资源有不同的工作性质和岗位工作内容，需要采取科学合理的考核方式，对专任教学人员、行政管理人员、后勤服务人员等不同岗位采取不同的、符合他们工作性质的考评方式，还要将考核的结果同学校制定的相关奖惩措施相结合，充分发挥绩效考核的正负向激励作用。

6．形成人力资源管理的创新机制，为高职院校的创新发展提供坚实的保证

（1）定期跟踪调研社会上的人力资源变化情况的制度。随着经济时代的快速发展，社会各行各业的人力资源变化日新月异，人才流动也在不断变化。但是，人员流动制约着人员能否在原岗位上安全工作，能否长期稳定、认真地工作。因此，只有将人力资源管理作为多种战略的基础，才能为高职院校高质量、快速发展提供强有力的人力资源保障。

（2）定期对高职院校的人力资源变化进行调研。这里的调研对象包括对在岗的所有教职工进行的定期调研，同时还要对退休职工及社会上各界人员进行随时的走访调研，做到最广泛地听取各界的要求，尤其是所有教职工的心声和要求，只有听取了这些真实的反映才能做到有的放矢地制定各项策略，这对于充分调动广大教职工的工作积极性和主动性将是一个最为可靠的依据。

（3）定期对学生和学生家长进行调研和问询。高职院校可以通过调查问卷、电话询问、实地考察和召开座谈会等方式对人力资源变化和需求进行定期的调研，从而动态地、灵活地掌握学生及社会各界对学生培养过程中的需求，根据调查结果可不断地调整人力资源管理策略，采取最适合学生培养的人力资源管理措施去做好高职院校的人员管理工作。

总而言之，在高等职业教育大发展的新时代，人力资源管理是高职院校管理工作的重中之重，在高职院校的发展中发挥着重要的作用。面对日新月异的发展变化和建设创新型国家的新要求，高职院校必须直面并重视人力资源管理工作中涌现的新问题、新情况，解放思想和观念，深化改革，认真探索符合时代要求的人力资源管理新措施、新路径，建立全新的人力资源管理体系，将高职院校人力资源管理工作不断推向更高的水平，提升高等职业教育的竞争力，不断促进高等职业教育的可持续发展。

7. 树立人力资源管理部门良好的服务形象，实现全员育人的教育教学目标

（1）良好的服务形象。人力资源管理部门作为一个服务部门，是高职院校的一个对内对外的服务窗口，是传达上级思想，指导员工执行的“中间”部门，在高职院校管理工作中起着非常重要的沟通和衔接作用。因此，人力资源管理部门的服务形象非常重要，我们要深挖潜能优势，定期对各种岗位进行重新设计和布署，使高职院校的每一个工作岗位及其工作内容和职能设定更加科学合理，更加有利于职能的发挥，建立起部门形象机制。

（2）坚持以人为本。无论是设计人力规划、机制的制定，还是直接参与决策或贯彻落实具体业务操作等管理工作，人力资源管理部门必须做到坚持以人为本的原则，以科学的管理理念指导工作的开展，为所有员工营造出健康和谐、团结互助、友爱活泼、积极进取的工作环境。

（3）营造良好的工作氛围。营造以爱和温暖为中心的工作氛围，通过关心、关爱教职工的日常工作和生活，激励全体员工全身心地投入全方位教书育人的事业之中。这一点体现在为教职工提供或者联系进修培训的机会，协助员工处理好与同事、家长、上级领导或学生的关系，通过有效的激励机制充分调动在岗人员的工作积极性和自觉性，创造性地发挥出管理人员的工作能力，为员工服务等。

第四章　高职院校资产和财务管理研究与实践

高职院校是以为国家培养高等专业技术人才为目标的教育教学活动，是不同于普通高等院校的以培养学生实践技能为主的技能培育，也是我国高等教育体系的重要组成部分。社会主义建设进入新时代以来，高职院校不断落实扩招政策，办学规模不断扩大，招生数量不断增加，学校的办学自主权也在不断扩大。然而，随之而来的是市场经济作用及教育结构调整下国家财政拨款逐年减少的问题，当前高职院校的资产和财务情况也逐渐呈现出市场化的趋势，表现为来源渠道多样、管理层次多元等特点。因此，建立健全科学合理、运行良好的资产和财务管理体系，对高职院校的健康发展具有十分重要的意义。

第一节　高职院校资产和财务管理工作现状

在我国高职院校的建设中，财务管理占据着一席重要的位置。“巧妇难为无米之炊”，没有足够的财务支持，高职院校也难谈发展，可以说，财务是影响高职院校发展的最直接因素。但是随着我国市场化经济的不断发展和高职院校办学模式的改革，高职院校的资产和财务管理现状也逐渐变得复杂化，甚至出现一些可能影响到高职院校日常运行的问题。正确认识这些问题，分析这些问题产生的原因，及时探索出高职院校资产和财务管理遇到风险时的防范措施，加强内部管理机制对高职院校的发展极为重要。

一、高职院校资产和财务管理工作存在的问题

高职院校的财务管理因其教育行业的特殊性，有着与其他企业不同的目标。高职院校的财务管理更多侧重的不是利润和现成的收益，而是要以社会对高等职业教育的需求状况为依据，优化对高职院校收入与支出的管理来提升学校的办学质量，通过提供优质的教育产品和培养符合社会发展需要的高等专业技术人才，一方面为学校赚取支撑学校运行的必要收益；另一方面努力实现高职院校办学的社会效益最大化。

高职院校的收入来源于政府财政拨款、学费收入和其他收入三个方面。其支出则包含学校日常运营支出及科研发展支出两个部分。资产和财务管理工作的主要内容就是以高职院校有限的收入为基础，通过科学的预算分配方式，实现收支的最优结构方式。目前，高职院校资产和财务管理工作还存在以下问题：

1．高职院校财务管理观念和意识落后

大多数高职院校的财务管理观念仍然较为传统，其财务管理存在“重收入，轻效益”的问题，资产管理存在“重购置、轻管理，重短期、轻规划，重使用、轻维护”的现象。在传统观念下，一些高职院校需要资金时往往习惯性地向国家财政伸手要钱，管理人员的工作内容就是如何想方设法地从国家财政的口袋里索取。

但是，在高等职业教育不断发展的新时代，国家对高职院校办学模式的要求发生了巨大的变化，高职院校财务管理的目标和任务也随之改变。

（1）重核算、轻管理。大多数高职院校在相当长的一段时间都实行的是报账式的财务管理模式，这种模式将资金使用后的核算环节作为重点，强调会计核算的准确性和严谨性，因而在此模式之下的财务管理工作的主要内容就是依照核算制度进行会计信息核算，这就使得高职院校财务管理工作者的财务管理理念呈现出“重核算、轻管理”的特点，更多从事财务计算、核算等技术性工作，而少管理性的工作。

这种传统的财务管理理念的确能够保证会计核算准则的严格执行和学校账务的清楚明晰。但现代信息技术的迅速发展使财务管理的环境发生了巨变，随着财务管理工具的与时俱进和各种财务软件在会计工作中的广泛应用，财务管理工作者从繁重的财务核算中解脱出来，其工作重心自然就开始由原先的一味核算向管

理层面转变。然而，高职院校财务管理工作者的管理理念显然并未跟上管理工作内容的发展，这种不同步随着时间的推移越加明显，财务管理工作者还没能转变观念，这在很大程度上影响了高职院校的教育教学质量和办学水平。

（2）财务管理工作局限在财务部门。除财务管理工作内容的新变化要求对高职院校财务管理理念的转变外，高职院校的财务管理还存在管理职权过于集中、管理部门之间缺乏协调配合意识、管理工作者缺乏全面预算意识等问题，这使得高职院校的财务管理工作仅仅局限在财务部门，学校无法对财务预算进行科学合理的分配。

而在统筹经费方面，上至分管财务的领导，下至基层的办事人员都缺乏财务管理的自主创新意识，没有立足高职院校培养社会需要的高等专业技术人才的目标挖掘和设立科研专项经费来源与开支计划，而是仅仅着眼于满足学校日常经费的开支需求，有时甚至因为一些琐碎的日常事务挤占学校的教学科研专项经费，这就严重制约了高职院校的长远可持续发展。

总之，我国的高职院校应当尽快转变传统的财务管理观念，重视财务管理工作者的管理职能，相关部门的领导和职员必须树立起统筹筹集资金、合理分配资金收支结构、提高资金利用率的先进管理观念，加快促进高校财务管理体系的完善和财务管理水平的稳步提升。

2．缺乏科学的财务管理体制

我国大部分高职院校目前普遍实行的财务管理体制有两种模式，分别是“统一领导、集中管理”和“统一领导、分级管理”。

所谓的“统一领导、集中管理”，就是这些学校的财务采取集中管理的方式，财政权力相对集中在学校手中，学校的那些下属院系在没有得到学校的授权且不能享有利益的情况下却要对外承担责任。在此种模式的制约下，院系领导自然就缺乏用心工作的动力和主动工作的积极性。

所谓的“统一领导、分级管理”，就是说实行这种体制的院校会将财政权力分配给下属的院系和部门，这些下属院系虽然得到了授权，却没有健全的责任承担体制和明确的权责划分作为保障，从而导致各院系之间、院系与学校之间很容易出现互相推卸责任的情形，从而耗费大量的时间，问题却不能得到及时的解决。

具体来说，前一种模式财政权力集中，它能够保证财务收支活动的统一性，也能够提升财力统筹调度的集中性，在这方面是一种优势。但也存在劣势，当学校只能通过一级财务部门分配和安置所有财务收支活动，并且下面各院系都没有制定院系内部的财务规章制度及实施办法的权力时，这种权力高度集中的财务管理模式显然缺乏应有的灵活性，很难有效激励各院系自主发挥积极性和创造性，反而限制了高职院校的发展。

后一种模式确实将财政权力下放到了各个院系，这很好地弥补了第一种模式的弊端，便于各个二级院系按照自身发展需求实施恰当合理的财务活动。但这种模式实质上下放的仅仅是财政的权限和额度，实体的资金却还牢牢掌握在一级财务部门的手中进行集中调配和监管，二级院系根本不允许随意截留和挪用资金。这就致使学校的各个院系每次需要使用经费时都必须向上级管理部门提交申请报告，经历漫长的审核流程之后才能拿到实际的经费。所谓下放的自主财权实际上只是流于形式，财权依然无法满足实权的需要，没能从根本上使得各个高职院校形成分权化的财务管理模式。

另外，如第一点所说，集中管理模式或是分级管理模式，无论财政权力在谁手中，相关财政管理部门的财务工作重点都放在财务核算层面上，而没有创造出管理性的附加价值，即缺乏对创造更长远的社会效益的规划。这种“重核算、轻管理”的模式很难适应现代信息社会下越加激烈的市场竞争需要，因此，高职院校必须对财务管理模式和体制进行变革，吸收两种传统模式的优点，改正传统模式财政权力未能真正实现分权的弊端，促进高职院校财政管理模式逐步向“重管理”的方向转变，并在此基础上提升财务管理水平精细化的程度，积极应对高等职业教育外部环境的变化。

3．财务工作人员的素质有待提高

在传统观念中，人们往往将会计等同于财务管理人员，认为会计的工作能够取代财务管理工作，而事实上也确实是一直由会计人员兼任财务管理人员的工作。但实际上，会计工作与财务管理工作有较大的不同。财务管理工作是个相对较大的范畴，它要求工作人员对学校各部门的财务活动及其财务关系进行系统全面的管理，统筹二级学院的各项财务项目，从而实现利益最大化。而会计则是为财务管理服务的，其更多是为财务管理工作提供信息数据支撑，并非直接管理财务活动，也不参与财务管理活动的具体内容，如财务决策、财务控制、财务分配、财务监督等工作。换而言之，我国高职院校的会计工作更多的是一种促进财务管理工作更好进行的手段，而财务管理不仅是一种手段，还是高职院校管理的目的之一。

基于这样的错误认知，当前高校较多记账、算账和报账的会计人员，却缺乏专业的、高素质的财务管理人员。这种错误认知导致高职院校的财务管理工作缺乏专业的财务管理人员，在没有统筹协调的情况下容易出现目标不明、重点不突出、决策定位不准确等问题。

4．缺乏足够的风险防范能力

当前高职院校因为校园的不断扩大和招生数量的不断增多面临着巨大的资金压力，同时随着社会经济的发展，国内各个高职院校面临着越来越激烈的行业竞争。为了应对这些挑战，一些高职院校只能选择银行贷款等方式对学校的资金缺口问题加以解决。这种银行贷款形式虽然能够解决学校资金方面的燃眉之急，但也会增加高职院校发展中的不稳定因素和风险，又因为大多数高职院校缺少专业化的风险预估团队，加上现有的财务管理人员及校领导都不具备充足的风险意识，这导致高职院校财务风险综合评估能力较弱，不具备及时预见或者发现财务风险的能力，进而对高职院校的财务管理工作产生负面影响。

二、高职院校资产和财务管理工作存在问题的原因

高职院校在财务管理方面存在的问题只是粗略统计，在相关细节部署方面还存在着许多不良的现象和漏洞，这些都长期影响着高职院校的长期健康可持续发展。这些问题产生的原因来自方方面面，包含以下几个方面：

1．预算执行不严格

根据高职院校对财务管理的普遍认知，其实际对预算的相关执行力度还有待强化。具体到实际的工作实践中，很多高职院校对预算的执行力度和把控力度都有待加强，很多时候会出现预算失控导致超支、资金跟不上支出等问题。例如，在财政管理部门对各项预算的执行进行实际推进的过程中，很多社会主体可能会

根据自己的需求随意对预算进行变更，从而提高整体的开支标准，使得预算执行脱离了既定的运行方向而失去控制。在对预算执行的结果和绩效考核结合性方面存在的问题是高职院校财务管理出现问题的重要原因之一。

2．筹资渠道较为单一

由于高职院校作为教育行业的特殊属性，不能像其他企业一样将盈利放在企业发展的第一位，其筹资渠道也因此受到一定程度的限制。另外，很多高职院校的财务管理人员都不能有效地对筹资渠道进行多元化的把握，他们在学校的学杂费收纳、金融机构贷款等相关模块的开设方面还存在着一些不足之处。在很多情况下，学校都习惯性地向银行贷款，没有开拓更加多元的筹资渠道，也没有探索更加创新的收入方式，这些导致在生源扩招及教学水平评估层面都出现了较大的阻碍，自然也成为高职院校财务管理出现问题的原因。

3．资产管理效益及内部控制不完善

造成高职院校财务管理出现种种问题的原因不仅仅表现在宏观层面，在对高职院校的财务管理细节进行微观把握的过程中，可以看到很多高职院校在进行财务管理的过程中都或多或少地存在着资产浪费和开支混乱的问题，学校各部门不能有效地对各项设备和仪器进行全面的利用，也不能细致地管理资产产生的效益。

归根结底是因为相关的社会主体不能有效地强化自身的成本效益意识，导致高职院校的整体资产和财务管理工作处于非常混乱的状态，学校固定资产以及各项资源利用的效率是非常低的。另外，从财务管理内控制度的角度来看，高职院校财务管理的制度构建是极其不完善的，这是由于许多高职院校对内部控制制度的构建没有引起足够的重视，常常在物资采购、基建项目、对外投资等相关业务方面会出现一些违规违法的问题。

很多高职院校的财务部门都不能有效地发挥自身的作用，财务管理部门的领导及工作人员对财务管理具体工作的认识和实际处理有很大问题，使得高职院校在管理层的决策没有科学的依据作为支撑，进而造成诸多问题。

4．高职院校各部门之间业务和财务的信息交流不畅通

高职院校财务部门和各业务部门之间的信息传递不畅，同样也制约着高职院校财务管理工作的转型升级。

（1）未建设信息化网络平台。因为很多高职院校尚未建设全方位多层次的信息化网络平台，所以各部门之间的信息还只是单独存放和管理的，其他部门在工作中若有需要则获取不便，这严重阻碍了财务工作的开展。

（2）信息无法共享。虽然部分学校已建立了包含全校在内的信息管理系统，但由于各部门职能划分不同，所以各部门之间的信息系统建立的标准和重点也不相同，由于信息平台的不兼容，导致各部门之间的信息在工作中无法得到准确的共享。例如，一些业务部门在为财务部门提供资金消耗和购买资产的信息时，由于信息缺乏兼容性，所以在财务部门的平台上有时会呈现一堆乱码，严重影响财务部门的工作效率，业务部门和财务部门之间无法对业务信息和具体数据进行实时共享，也必然将阻碍财务部门工作的开展。

5．高职院校各部门的工作目标不同，容易造成资金浪费现象

从高职院校各业务部门来看，其职能和工作性质不同，工作的目标和侧重点也不同。例如，教务处和各院系办公室的主要工作目标就是通过各种方式和方法提升教学质量和工作质量；科研学术部门的主要工作目标是推动科研人员的科研成果，促成各种科研实验的成功；后勤部门的主要工作目标就是为各个部门提供方便快捷的后勤服务。

总之，高职院校各业务部门的工作目标并不相同，有时会产生一些交叉重叠的地方，双方同时申请资金预算，实际上是在同一件事的不同阶段或层次，造成资金的重复拨付和浪费。加之各业务部门和财务部门之间缺乏较深的合作关系和深入的沟通与交流，所以，常常导致各业务部门在工作时单纯地将自身目标放在首位，只考虑尽可能地达到自己的目标，忽略了与财务部门之间的相互统一和相互沟通，严重造成了资金浪费的现象。

6．高职院校缺乏有深度、有广度的业务和财务融合

受到部门分工的影响，高职院校财务部门和其他业务部门之间的工作严重脱节。从业务部门来说，教务处、院系办公室、科研部门等会将更多的注意力放在如何提升教育教学质量和研发科研成果方面，因此，极少会主动就财务问题与财务部门进行交流与沟通，更不会主动分析所消耗的成本与所得到的效益是否成正比。而财务部门没有其他教育教学或者科研业务，他们更注重对财务数据进行统计和核对，却忽略了对业务部门财务情况的监督和管理，导致业务部门普遍存在资源浪费、资金滥用的情况。就科研部门来说，在具体的科研项目中，科研项目过程如果比较复杂的话，就会有很多资金在不起眼的环节中消耗。但是由于财务部门缺乏对科研部门的了解，也没有对科研项目的过程进行监管，所以就无法对资金消耗进行准确核对。由此可见，由于财务部门与业务部门之间缺乏有效的沟通与合作，没有形成有深度、有广度的业务和财务融合机制，导致高职院校资源无法得到充分利用。

第二节　高职院校资产和财务管理工作探索

一、高职院校资产和财务管理风险的防范措施

要解决高职院校在财务管理上的诸多问题，就要求高职院校财务管理部门及时对学校财务管理的内容进行分析，针对本校情况探索遇到财务管理风险时的防范措施，加强内部管理机制。即高职院校应当建立一个完整的财务管理机制，对学校各部门各项资金的使用安排进行科学合理的统筹规划，将有限资金的使用效率最大化，尽可能地促进学校的可持续发展。

1．树立全新的财务管理理念

要想在高职院校中构建合适的财务管理机制，第一步要做的就是更新财务管理的观念，努力使高职院校的财务管理工作跟上社会对高职院校的要求。

（1）调整和改变财务管理理念。“破旧立新”，高职院校要树立全新的财务管理理念，首先必须调整和改变传统落后的财务管理理念，促进学校财务管理结构的优化升级，由过去的重核算转向重管理的精细化会计，使学校财务管理部门由担任简单的记账、报账等核算工作转为决策、制定方案、实施、监督等工作，充分认识并重视财务管理人员的预算职能、控制职能及管理职能。

（2）高职院校应当巩固管理自主化理念。随着我国市场经济的发展和国家职业教育政策的不断调整，高职院校的资金不能再一直依赖国家的财政支持，要创造出更多的资金来源渠道，开拓更多筹资方式，兼顾学校日常运营和科研学术发展的双重需求，兼顾资金流动性和收益性相统一的原则，打造出学校自己独特的

创收项目，创造学校的内生动力。

另外，高职院校的财务管理工作者必须提升自身的专业素质，转变过去“重核算、轻管理”的管理观念，树立顺应新形势、新环境的效益观，同时鼓励学校各院系、各部门发挥管理自主性，改变院系在财务管理方面一无所知，完全“等、靠、要”的错误观念。还可以发挥二级院系更加贴近学校教学和科研实践的特性，加快科研成果的变现和转化，实现二级院系创收发展，积极响应高职院校发展目标。

2．建立健全财务管理体制

（1）处理好“集权”与“分权”之间的协调与平衡。建立健全财务管理体制，推行精细化、重管理的财务管理模式。高职院校需要妥善处理好“集权”与“分权”之间的协调与平衡，弥补两种财务管理模式的弊端，在保证财务管理制度的统一性与权威性的前提下，适度扩大二级院系实质性的财务自主权。

对于实行“统一领导、集中管理”体制的高职院校，财务管理方面要将财政权力适当地进行下放，大胆地赋予院系领导的部门负责人更多处理资金收支的权力，努力调动相关领导和财务管理工作者的积极性。

而对于那些实行“统一领导、分级管理”体制的高职院校，需要明确各等级财务管理部门的责任划分，使院系领导承担起与其权力相匹配的责任，给予院系领导实质性的权力。当然，放权的同时还要加强对财务管理的制约和监督，建立健全院校二级财务管理制度，如经济责任制度、财务收支制度、内部分配制度及财务岗位责任制度，形成权责明确、权责一致、权力监督的完善的财务管理体制。

（2）建立相关制度。建立健全财务管理体制需要高职院校建立重大财务项目的集体决策制度、专家咨询制度、财务公开制度和决策责任追究制度，尽可能避免高职院校资产和财务管理风险的发生。当面临重大的经济决策时，高职院校必须组织相关决策机构集体讨论决定，在决策过程中，还需要征求一些财务管理机构和人员的专业意见，必要时可以直接引进专家参与到学校财务问题的决策中，增加决策的正确性，减少决策失误率。在面对一些涉及学校及教职工重大利益的经济决策上，应当保证决策的公开性和透明性，向全体师生公开决策过程和结果。

（3）落实精细化的财务管理体制。建立健全财务管理体制还需要落实精细化的财务管理体制，主要包含系统精细化、流程精细化和数据精细化三个方面。

①系统精细化。系统精细化指的是将大数据应用在财务领域，将财务管理工作者从繁重的数据核算工作中解放出来，使高职院校的财务管理范围向招生、就业、教学、科研、社会服务、学校发展战略等更广泛的领域延伸，使高职院校财务管理工作者的工作内容从单一的财务核算向综合的财务分析、财务决策、成本控制、绩效评价等更加广泛的管理内容转变。

②流程精细化。流程精细化指的是高职院校各部门在做好基础的财务管理工作外，必须在现有财务管理制度的基础上构建起财务与业务一体化的管理模式，并针对负责业务罗列清晰的业务流程图标，从而为经办人在业务办理中提供便利，更好地实现精细化财务管理，实现高职院校中各项财务信息和财务工作流程的顺利进行。

③数据精细化。数据精细化则与当今社会信息化的形式有密切的关系。随着会计工作信息传播、处理、反馈及更新速度的大幅提升，会计工作的难度将逐渐降低，工作的实时性和动态性越来越强。为了适应这一变化，高职院校财务管理部门需要通过信息技术和网络逐步与工商局、税务局、筹资银行、上级部门等相关部门或企事业单位之间建立实时的信息互联，借助网络平台实现多方的数据共享，从而能够加强对高职院校财务数据的实时监测、分析及预警，保证管理决策的针对性和可操作性。

（4）加强财务规范化管理。建立健全财务管理体制还需要高职院校在遵守国家法律法规和国家统一的会计准则制度的基础上，于微观层面制定出一系列切实可行的财务管理规范，即针对高职院校自身的发展特点，健全财务管理制度的细节，使高职院校财务管理的整体工作能够向着科学、规范的方向发展。

①完善高职院校的全面预算管理制度。要完善高职院校的全面预算管理制度，积极利用信息技术手段、大数据技术等建立现代化的高水平预算管理信息系统，全面承担起内部各项财务预算管理和计算的活动，尽可能改善预算管理工作的实施效果和准确度。

②优化财务成本和收入的核算制度。需要高职院校财务管理部门优化财务成本和收入的核算制度，清晰明了地体现高职院校各部门、各院系的各项收支情况，支持高职院校财务管理活动的顺利开展。

③构建风险预警机制。另外，还要针对财务管理可能发生的风险，健全风险

财务管理制度，要做到制度完善、管理规范、运作有序、监督有力，构建起全面科学的风险预警机制，有效防范和应对各种财务管理的风险。

3. 提高团队的财务管理水平

优化高职院校的财务管理工作还需要增强财务管理工作人员的综合素质和管理水平，注重培养综合型、复合型的管理人才，给我国高职院校财务管理活动的实施提供坚实的保障。一方面高职院校要做好财务管理人员的招聘工作，通过各种渠道和方式积极引进一些高水平的财务管理人员，提高对管理人员的选拔标准和要求，适应具体管理工作的要求；另一方面高职院校还应加强对财务管理工作者的培训，对优秀的管理人员进行褒奖和提拔，对不足的人员进行适度的批评或者淘汰。同时，高职院校还可以给这些从事财务管理工作的人员提供一些学习和进修机会，大幅提升财务管理工作人员的综合素质和相关技能，延长和提高他们的职业生涯。另外，高职院校的财务管理人员还应当在内部加强自我的提高，要主动自觉地学习一些有关财务管理的专业知识与技能，与时俱进地掌握现代信息技术手段，逐步优化和强化高职院校财务管理工作的实施效果。

4. 加强对财务管理的监督和把控

优化高职院校财务管理工作需要加强对财务管理工作的监督和把控，遵循“分级负责、责任到人、归口管理”的原则，主动构建高职院校财务管理工作的监督责任系统和把控环节，将责任和义务落实到每个岗位和每个人的身上，借此提高高职院校财务管理工作的水平和效率。

（1）加强对财务管理的监督首先要设立权责分明的财务管理监督岗位。该岗位应当具有财务监督的职权，还应时刻保持其财务监督的独立性，对高职院校各部门、各岗位之间形成很好的制约机制，使高职院校各部门在财务管理实施权、决策权以及监督权方面实现“三权分立”，明确财务管理监督岗位应当承担的责任与义务。

（2）加强对财政管理的监督应当扩大财务监督范围。财务管理监督岗位既要对会计账目和数据核算的真实性、准确性进行核查与审计，还要对高职院校各项资金的完整性和安全性、各项收支活动的合法性和合规性进行严格的审查和监督。另外，还需要对高职院校各个投资项目的审批程序、投资过程以及最终的收益进行科学合理的绩效评价。

（3）加强对财政管理的监督还应当强化对监督结果的应用。财务管理监督岗位必须将信息公开原则应用到高职院校财务管理部门的工作监督中，及时主动地公示监督评价的结果，时刻围绕高职院校财务管理工作改进的中心，努力实现对财务管理监督的奖惩并行机制。财务管理监督岗位可以对财务管理工作者实行定向激励和责任追究，倒逼回去，进而切实提升高职院校财务管理工作的效率与效益。

5. 增强财务风险管控意识

防范财务管理过程中出现的风险应当是优化高职院校财务管理的一项重要工作。高职院校财务管理部门需要不断强化内部控制建设，提升自身对财务风险的管理能力。要想合理地防范和规避财务风险，首先要使相关管理人员树立高度的风险意识，对财务管理工作人员需要加强防范风险专业能力的培训力度。其次要提高对风险管控的重视程度，营造和谐的内部控制环境，支持对财务风险管控活动的有效实施。另外，高职院校还可以利用大数据平台，运用数据和计算机创设科学的风险管理信息系统，对高职院校办学期间的各项财务风险情况进行全面的监控和及时的处理，最大限度地推进财务管理监督工作落到实处。

二、新形势下高职院校资产和财务管理的策略

财务管理信息化建设是新时代高职院校财务管理发展的重要方向，也是促进财务管理转型的重要手段。财务管理信息化建设，指的就是要将现代化的管理模式和计算机信息技术应用到高职院校的财务管理工作中。高职院校的财务管理工作可以通过建立完善的会计信息管理系统，灵活运用网络技术和软件平台，提高财务核算、财务控制、财务收支分析、财务监督等基础性财务管理工作的效率和效益，促使高职院校的财务管理工作向着信息化建设的方向发展。加强高职院校的财务管理信息化建设就是要求财务管理工作者将网络技术等信息技术应用到财务管理工作中，借助外部工具对财务管理工作的模式进行重组、优化，建立起完善健全的财务管理信息系统，进而能够轻松获取各部门的财务管理信息，为高职院校经济政策的正确制定和财务管理工作的顺利开展提供储备充足的信息库。

1. 高职院校财务管理信息化建设存在的问题

（1）财务管理信息化建设的基础设施不够到位。改革开放发展到如今的阶段，我国根据各行各业对高等专业技术人才的需求量开始高度重视高等职业教育

和高职院校的发展。然而，在政策和大环境的支持下，我国高职院校的发展仍然一直受到诸多限制。

①管理观念落后。很多高职院校的领导与管理者还保持着较为传统落后的管理理念，他们的管理经验还比较欠缺，创新精神不够，没有充分认识到信息化手段与网络技术在当今高职院校管理中所能发挥的重要作用，这就导致许多高职院校的信息化建设投入力度不足，网络和信息技术的基础设施建设不到位的情况。然而，加强高职院校财务管理的信息化建设还需要大量的硬件设备与网络软件的支持，高职院校资金投入不足及财务管理基础设施建设不到位的情况，很容易导致高职院校的财务管理信息化工作无法顺利开展。

②更新不及时。还有一部分高职院校虽然加大了对信息化建设的投入力度，但是，计算机设备及网络软件的更新不及时的现状，无法满足财务管理信息化建设的实际需求，必然导致高职院校的财务管理水平停滞不前，无法与时俱进地走上信息化建设的道路。

（2）高职院校目前缺乏一体化的财务信息共享平台。每一所高职院校都有来自不同专业、不同班级的多个部门，这些部门的资金往来频繁，财务信息数据内容十分多样，往往涉及教育教学、科研学术、固定资产、后勤总务等多方面的财务信息。面对这样复杂的财务信息数据，如果高职院校没能建立系统明确的数据编录准则，缺乏一体化的信息共享平台，那么高职院校校各部门的财务信息数据便也无法得到快速的传递与共享，其财政信息的整合工作必然会受到影响，财务管理的信息化建设也就无法向前发展。

与此同时，由于高职院校目前缺乏统一的信息建设规划和一体化的财务信息共享平台，导致高职院校各个财务信息系统之间互不相关、各自为政，信息系统之间无法构建有效的链接，纷繁复杂的财务信息也会因此无法实现共享。

另外，各系统之间的财务信息数据无法得到有效的集成，这是由于各部门对于财务信息的数据编录标准与数据接口不统一，而没能得到有效集成的财务信息数据就必然会导致高职院校的运营管理决策失去了全面系统的信息数据支持。

（3）高职院校在信息化建设的过程中对财务管理的风险管控不到位。现代化的信息技术促进了高职院校的财务管理信息化建设，而财务管理信息化建设在很大程度上提升了高职院校的财务管理水平和效率。但是，新兴的技术自然有其弊端和不成熟的地方，信息化建设也给高职院校的财务管理工作带来了新的风险。尤其是网络安全和信息安全风险，其出现的时间和地点存在着很大的随意性，防不胜防的信息安全风险严重影响了高职院校财务管理工作的正常开展。

另外，由于高职院校的财务信息数据来自不同院校不同部门的不同经济活动中，因此财务信息数据的收集、计算和分析等工作的难度都比较大。但是在收集不同财务信息数据的方面，很多高职院校的收集手段都比较落后，财务管理的信息化水平相对较低，这给高职院校财务管理的信息化建设增加了很大困难，同时，也给高职院校财务管理工作的开展带来了巨大的风险和挑战。

高职院校财务信息管理系统建设不完善及信息化水平较低等方面问题的存在，也给高职院校财务管理的人员利用信息系统中出现的漏洞，非法恶意盗取和篡改财务信息数据等违法、违规行为提供了可能性和可操作性，这加大了高职院校的财务账户出现安全风险的概率，甚至还可能导致高职院校的公共资源受到不必要的损失。

（4）高职院校在信息化建设的过程中缺乏高水平、专业性的财务信息化管理人才。高职院校相对于本科院校而言，其会计核算体系和制度相对薄弱，在加大高职院校财务信息化管理的同时，就需要投入更多既懂得会计专业知识，又能熟练运用计算机技术的人才，将会计核算体制的弱点等弥补后再建立财务信息化管理统一平台。

然而现实情况却事与愿违，因为兼具会计核算和计算机技术的要求对于高职院校而言需要更大的挑战，大多数从事财务管理的专业人才都具备专业的会计核算知识，却无法熟练掌握计算机，而大多熟悉计算机技术的人才却不是专业的会计人才，这就导致高职院校的财务管理工作信息化建设过程出现不同程度和内容的短板，在一定程度上影响高职院校财务管理信息化建设的道路。

2．加强高职院校财务管理信息化建设的有效策略

（1）加强高职院校财务管理信息化的基础设施建设。任何建设都需要坚实的硬件条件的支持，高职院校财务管理的信息化建设自然也离不开相关基础设施的支持。

要给高职院校财务管理的信息化建设开展提供基础设施方面的支持，高职院校的各位领导与管理者需要首先转变传统落后的财务管理理念，充分认识到财务管理工作信息化建设的基本需求，加大对高职院校财务管理信息化建设的重视。

另外，高职院校还需要全面科学地分析其自身财务管理工作的现状以及财务管理工作信息化建设的实际需求，充分了解高职院校财务管理信息化建设的基本需求，并根据这些需求和现状全面开展高职院校的财务管理信息化建设规划，为高职院校的财务管理信息化建设提供科学有效的指导。

有了全面科学的财务管理信息化建设规划，高职院校还需要根据规划开展各项目的资金预算，保证财务各项预算的资金充足，为高职院校的财务管理信息化建设提供充足的资金支持和有力的资金保障。

总而言之，高职院校的财务管理人员应当及时淘汰落后的或者不符合要求的计算机硬件设备与软件，及时积极地引进最新的计算机设备，更新财务管理工作需要的软件，确保高职院校财务管理信息化建设所需要的基础设施得到基本的满足。

当然，工作人员在财务管理信息化的基础设施建设中必须加强安全管理，避免发生各项财务信息数据被泄露或损坏等问题；在软件方面，工作人员应根据财务管理信息化建设的实际工作需求，有针对性地开发软件功能，发展更多软件功能，使各种财务管理软件能够更好地为财务管理工作的开展提供服务。

（2）要加快构建一体化的信息共享平台。高职院校的信息化建设是一个庞大的体系。它体现在高职院校教育教学工作的方方面面，财务管理信息化建设只是其中比较小的一个方面。但是，高职院校各方面的信息化建设与财务管理的信息化建设之间又有着千丝万缕的联系，因此，在开展高职院校信息化建设之前，首先需要对高职院校不同方面和部门的信息化建设需求进行充分的调研和分析，在全面系统地分析之后制订科学合理的信息化建设规划，指导信息化建设工作的开展。

另外，信息管理系统的建立是各方面信息化建设的重要内容。各大高职院校在信息系统建设的过程中，一定要制定完善系统的信息编录标准，加强各方面信息系统之间的链接，使各个部门各方面的信息数据能够在各系统之间快速地传输与共享，避免出现所谓的“信息孤岛”现象。举个例子，房屋设备信息和存储在工资管理系统中的职工信息是高职院校管理系统中的重要因素，财务人员在开展高职院校的财务管理工作时，需要从多个系统中调用相关的信息数据，如果信息编录标准不够统一和一体化的话，就会严重影响财务管理的工作效率。

为了加强高职院校信息数据的整合，提高高职院校信息数据的利用效率，高职院校财务管理人员需要在加强信息系统之间相互衔接的基础上，以使不同信息系统之间的信息数据可以快速对接、共享为目标，构建一个完善的财务信息数据共享平台。但这个平台并非空中楼阁，在构建信息共享平台之前，高职院校应着眼于共享平台的顶层设计，以高职院校的管理需求为依据，以高职院校战略发展的方向为出发点，努力统筹规划、统一协调财务信息共享平台的建设工作。

另外，在建设信息共享平台的过程中，高职院校必须制定科学的信息建设规划、统一的信息数据标准、统一的信息数据口径，为信息共享、整合与加工提供科学的理论和数据支持。例如，当一些高职院校在固定资产管理系统中录入本校固定资产的相关信息后，通过信息共享平台，将本校固定资产的信息数据同步到财务管理系统中，这样，不仅可以免去财务管理系统中录入固定资产的步骤，大大提高了财务管理的工作效率与质量，还可以减少工作人员的工作量。另外，高职院校还应积极扎根于当前大数据的沃土，利用互联网等新兴技术，加强对信息数据的分类、整合、分析，深入挖掘各类信息数据的外在价值和潜在价值，逐步学会对财务数据进行科学合理的分析，推动高职院校的财务管理向重管理、轻核算的方向转型。

（3）加强财务信息化的内部控制和监管。高职院校在加强财务管理信息化建设的过程中，需要根据财务管理工作模式的发展和变化，不断优化管理工作的内部控制和监管系统，加强对各项财务管理工作的有效监管，避免各种财务风险和隐患在不知情的情况下发生，给学校的运行和发展带来不利影响。

①加大信息管理系统工作流程的管控。各大高职院校应当加大对各个信息管理系统工作流程的管控，确保各信息系统信息管理工作开展的稳定性和有序性。

②定期加强对信息管理系统与财务软件的更新和维护。高职院校的信息管理系统应当设置严格的权限访问制度，定期加强对信息管理系统与财务软件的更新和维护，确保信息系统能够安全地存续。以防万一，高职院校财务管理信息系统的工作人员应定期备份系统数据，防止信息数据丢失且无法找回，最终给财务管理工作带来不利的影响。

③加强自我监管。自我监管也十分重要。高职院校应当建立健全内部审计监管体系，积极主动地利用大数据分析技术、实地调查考核等方式监督高职院校的财务管理工作，加强对财务管理信息系统的日常审计与专项审计监督，以便及时发现并

解决财务管理中存在的问题，避免因财务风险扩大而给高职院校带来不利影响。

3．高职院校固定资产管理现状及措施分析

（1）大部分高职院校在固定资产管理中存在的问题。

①国有资产管理意识淡薄。近年来，虽然高职院校在固定资产的购置、核算、定期清查、报废等方面建立了较为严格的规章制度，但在具体管理过程中，由于资产管理意识淡薄，特别是一些主管领导的意识淡薄，这些规章制度往往停留在表面上，没有得到实施。如有的高职院校未通过资产管理人员进行审核登记，固定资产的使用状况、使用地点、使用人等基本信息往往会因领导的话而发生变化。在固定资产使用中，片面追求“高、精、尖”，重复购买、资源无法共享等不合理现象屡见不鲜。

②高职院校国有资产管理的基础数据不统一。加强固定资产管理需要将实行信息化管理作为一大趋势。在实行信息化管理过程中，为了方便工作，高职院校相关部门都建立了自己的资产管理系统。目前，许多高职院校的财务管理部门由于其公办学校的性质，使用的是财政主管部门直接指定的财务管理系统，但这套系统只是从会计核算的角度对固定资产进行处理而已，并不能随时更新固定资产变化情况。为了便于日常管理，高职院校资产管理部门又使用了一套专门的资产管理系统。这两套管理系统有各自的制度。录入基础数据时，资产名称和分类不同，基础数据的不一致性给未来的资产清查带来了很大的不便。

另外，在使用资产管理系统的过程中，很多高职院校只是为了满足上级检查的需要，并没有真正实现固定资产管理的信息化。系统反映的数据与实际资产严重不符，不真实的数据造成了资产管理的诸多漏洞。

③历史遗留问题较为复杂。目前所知许多所高职院校是在合并重组的基础上建立起来的。随着资产转移的频繁，历史遗留下来的资产对账问题也层出不穷。在资产转让中，经常出现资产交叉管理、职责不清，甚至出现没有部门负责的情况。这些历史问题不仅使部分固定资产闲置浪费，而且使国有资产流失。

④国有资产监督管理的力度不够。目前，许多高职院校的固定资产监管仍然薄弱。从内部监督的角度看，高职院校虽然制定了相关的管理制度，但缺乏配套的考核制度和相关的责任追究制度。即使有，也是停留在文字上，未能起到实际有效的作用。如果出现账实不符，只要不是个人贪污、挪用，资产管理部门能做的就是事后根据既定事实调整账目，相关违规者很难受到处罚。

从外部监督的角度看，上级财政、监察、审计等资产监管部门工作复杂，人力有限，难以严格控制各监管单位资产的购买、使用和处置，各单位上报的数据也难以核实。一旦内部监督和外部监督缺位，很容易造成国有资产流失。

（2）如何加强高职院校固定资产管理工作。

①健全管理机构，提高固定资产管理的观念和管理人员的素质。高职院校要树立人人参与固定资产管理的意识，积极配合上级财政、监察、审计等部门，共同完善固定资产管理和考核体系。要将固定资产管理与每个人的经济利益挂钩，奖罚分明，提高全员对固定资产管理的重视程度。具体来说，对于一般职工，只需要求他们做到爱惜公共财物、保管好个人使用的固定资产；对于资产管理岗位人员，不仅要做好固定资产的日常管理工作，还要带好领导班子，做到物尽其用，减少固定资产的闲置浪费；对于高职院校分管领导，要克服“重资金、轻资产”“重财务、轻资产管理”的观念，这是资产管理者的坚实后盾。

另外，完善的管理制度，如果没有高素质的管理人员负责具体实施，那么管理制度将形同虚设。提高高职院校固定资产管理能力，首先必须建立一支责任心强、业务素质高的资产管理人员队伍。要通过定期组织管理人员学习最新的专业知识，提高他们的管理能力，并在严格按照业务流程的基础上树立“以人为本”的管理理念。其次，要增强固定资产管理人员对本职工作的认同感，使资产管理人员认识到自己不仅是资产台账的记录者，而且是一个好的顾问，是使固定资产发挥最大效益的重要参与者。最后，要完善固定资产管理者的绩效考核方案，充分调动他们的积极性和稳定性。

②整合固定资产的数据资源，将入账标准统一化。通过完善资产管理信息系统建设，实现固定资产购置、变更、处置等各项业务在统一的基础数据平台上运行，为固定资产管理的精细化、科学化提供保障。一方面，积极推进现有资产管理系统的整合，同时按照“谁使用、谁管理、谁负责”的原则，确保资产信息录入的规范统一；另一方面，通过统一的基础数据库，资产管理人员为每一项固定资产建立一个数字标签，使每项资产的每一次变动都能被记录下来，并具有可追溯性。

一个好的固定资产信息化管理系统，就是保障其稳定性和不动摇性，要尽量减少人为因素的干扰，确保能够对出现的各种问题“早发现，早解决”，使管理部门能在为高职院校固定资产管理和决策提供有效依据的同时，还能为上级财政、审计、监察等部门监管提供真实的数据。

③要对高职院校的固定资产进行分类施策，逐步化解公立高职院校的历史遗留问题。按照“尊重历史、依法依规、积极协调”的原则，对公立高职院校合并、重组过程中留下的固定资产历史遗留问题进行妥善处理。

要厘清固定资产的归属，彻底清查固定资产，做到实物清楚、数据准确。在此基础上，对产权进行全面确认登记，明确责任，分类处理。为解决历史遗留问题，理顺产权关系，盘活国有资产，高职院校要积极协调财政、教育、资产使用等有关部门，并设专人深入调查，摸清家底。通过对固定资产的拆除、置换和租赁，可以逐步解决固定资产问题。

④严明高职院校资产管理的纪律，强化对固定资产的监督和检查。高职院校应建立一套行之有效的固定资产管理制度。务必做到“统一领导、分级管理、责任到人”，确定一名校级领导全权负责资产管理，建立专门处室作为固定资产管理部门，将固定资产保管责任和权利落实到每一个人。在管理固定资产的过程中对外要积极配合上级主管财政、审计、监察等部门进行强有力的监督管理，按规定接受各项专项检查。管理部门需要通过定期、不定期地固定资产清查，本着“以账对物、以物查账、见物就点、见账就清”的处理原则，保证固定资产做到账账相符、账实相符、账卡相符。根据新出台的国家法律法规，及时修订高职院校的相关规章制度。对固定资产管理过程中发现的问题，资产管理部门要及时明确责任，积极向主管领导汇报，杜绝责任不归、无人负责的现象。

另外，高职院校在进行固定资产管理时要强化具体的管理职责，完善对固定资产管理的考核机制和标准。高职院校资产管理部门要牵头成立资产管理工作考核小组，负责对各部门资产管理情况进行客观严谨的考核，对于那些考核得分不满及格分的或在考核当年因为自己个人工作不当的原因造成高职院校出现重大资产损失事故的部门或个人，考核结果直接定为不合格。可以设置必要的惩罚机制，如在全校通报批评，或者对其所在部门或个人的年终绩效予以扣除。

考核要以资产管理的工作内容为基础，制定详细的量化考核细则，将考核内容落实到实际情况，杜绝模棱两可、界限不清的现象，必须找出固定资产管理中存在问题的原因。除处理直接责任人外，还要追究相关部门和人员的责任，杜绝“好人”现象。

第五章　高职院校实训基地运营管理研究与实践

高等职业教育是连接高等教育与社会各个行业之间的桥梁，是以培养社会各行各业需要的实用型和技术型人才为重要目标的教育类型。而培养实用型人才最重要的一个过程就是必须让学生切身投入劳动生产和实践中，将学习到的理论知识进行实践和锻炼。因此，实训基地的建设对高职院校培养复合型技术技能人才有着至关重要的作用和极其深远的影响。高职院校实训基地的建设也标志着我国职业教育在方式上有了崭新的转变。目前，我国高职院校实训基地已经有了较为丰富的建设经验，其建设质量和运行的可操作性与实用性对高职院校人才培养目标的实现和教育教学的质量有着至关重要且深远的影响。

第一节　高职院校实训基地运营管理工作现状

《国务院关于印发国家职业教育改革实施方案的通知》（国发〔2019〕4号）中强调我国必须“积极吸引企业和社会力量参与，指导各地各校借鉴德国、日本、瑞士等国家的经验，探索创新实训基地运营模式”。这一方案对我国高职院校实训基地的运营管理模式的改革发展和创新提出了更高的要求。目前，我国各地各高职院校的实训基地的运营模式从规划到建立都经历了漫长而又曲折的过程，它不是一蹴而就的简单过程，也不可以完全照搬其他国家的经验和模式，而是需要一个从理论到实践各个方面都持续探索发展的过程。在当前社会发展的新形势下，对高职院校实训基地采取运营管理思维，运用企业市场运营管理的方式指导实训基地建设，对于提高高职院校实训基地的管理水平和探索实训基地运营模式的建立，具有十分重要的研究价值和现实意义。

一、高职院校实训基地运营管理的内涵及意义

1. 高职院校实训基地运营管理的内涵

实训基地是指用于在校学生通过工学结合学习实践技能、锻炼技术水平的场所。它一般是由多个实验实训室组成的。实训基地按照地点和管理团队可以分为校内实训基地和校外实训基地。校内实训基地是指地点在学校内部，由学校统一管理的实训基地；校外实训基地是指通过校企合作建设成立的，位置在企业内部，由企业代为管理的，用于对接相关专业的在校学生学习实践技能的场所。

（1）建设实训基地的意义。

①与企业和岗位相接轨。建设高职院校实训基地保证了刚刚步入实习阶段的学生可以直接拥有与企业和岗位相接轨的机会，对学生的教育起到了承上启下的作用。这不仅可以培养和提高参与实习的学生在实训过程中的动手能力和操作能力，还可以使学生能更系统、更全面地了解自己所在专业今后工作岗位的第一手重要资料和前沿消息。

②建设高职院校实训基地是学生步入社会之前的试金石。学生在毕业后进入企业实习工作时，往往就会发现自己在课堂上所学的理论知识有很多与实际上手操作不太契合之处。为了让学生能够减少毕业后进入企业工作中的适应时间，更为了让学生能够更快更好地上手毕业后的岗位工作，在学生毕业前，安排这种让实习生实训的平台是一个提高学生自身操作能力和动手能力，及时发现学生不足和问题的机会。特别是在这个过程中，学生往往能够有更多的机会与教师和工程技术人员进行交流和沟通，能在实训实习过程中有一些意想不到的收获。

③更新认知，巩固知识。通过在企业和学校实训基地的实习，学生对自己之前所学的理论知识和内容有了一些新的定义，他们可以更新自己对这个岗位工作性质和内容的认知，可以进一步巩固和总结自己在学校所学的理论知识。教师也会根据学生在实训基地的工作情况，相应地调整和制定富有新意和创造力的本专业课程的教学内容和教学标准，大大地提高学校教育教学工作的质量。

（2）运营管理模式与实训基地的结合。运营管理是从生产制造企业发展而来

的一种管理模式。它的出现与市场竞争中各企业逐步统筹产量、质量、成本、效益等要素开展管理工作有很大的关系。目前运营管理已经发展成熟，并且已经形成了一套涵盖生产制造领域和非生产制造领域的现代运营管理理论体系。按照系统论观点，可以将运营管理的过程表达为是一个“投入、转换、产出”的过程。在高职院校实训基地的运行管理过程中，其投入就是基地配备的专业教师、实训设备、实训物料、实训场地、实训教材等相关教学资源，进而通过教学过程转换，将等待受教育和锻炼的学生转换输出为达到教学目标要求的，具备熟练的实践技能和功底的学生。

综上所述，实训基地的运营管理就是“为培养符合人才培养目标要求的学生而进行的统筹实训基地各类资源的管理活动的集成”。实训基地的运营管理思维也就是为了实现实训基地的运营管理目标而采取的管理思维方式和方法。运营管理思维的内涵即以实现实训基地运营管理为目标，对实训基地运行与管理进行系统性的组织、规划、设计、执行与绩效评价、持续改进。

2．高职院校实训基地运营管理的意义

提高实训基地管理水平能够有效降低实训基地运行成本，对于提高高职院校人才培养的质量、提高学生对高职院校实践教学成果的满意度都有很重要的意义。

（1）能够提高高职院校人才培养的质量。高职院校的实训基地一般承担着校内教学一半课时数以上的教学任务，它是实现高等职业教育人才培养目标的重要保证，也是落实“三全育人”方针、不断增长学生的专业才干和技术能力的重要场地。在理论教学的过程中，教师往往以个体的形式成为教育教学过程的关键因素和主导人员；而相比起来，在实训基地的教学活动中，除教师外，实训基地提供的教学条件与基地自身的运行管理状况对教学效果都有各方面的影响；特别是对那些理论和实践一体化教学的课程，学生对实训基地的教学条件、教学状况的体验对他们自身是否能够专注于研究性学习的状态有着直接而又深远的影响。

实训基地的教学特点决定了实训基地在运行管理过程中遵循共性化与个性化管理相结合的原则，既要注重满足高职院校实训基地整体的运行管理效果，还要时刻关注在实训基地中实习的每一名学生自己每天对实训基地教学模式的体验和感受。因此，要充分发挥实训基地的岗位准备作用，使之能够更好地为实现高职院校的人才培养目标而服务，必须加强实训基地资源统筹与教学服务。

关于运营管理我们更加熟悉的是服务行业的运营管理，它是以满足客户的各种需求为目标的管理，其管理的本质是服务。而实训基地管理服务的客户主体为准备接受实践教育的学生，运营管理是满足学生个性化、多样化需求的实训基地管理的重要策略。资源统筹管理是一般企业进行运营管理的基本内容，高职院校的实训基地采取运营管理思维开展资源统筹工作，其最终效率只会更高，能为实训基地提供更加优化可行的共性化管理。因此，实训基地的运营管理，能够为人才培养质量的提高创造更优的条件。

（2）能够有效提高教师的教育教学效果。教师或者专业技术能手在实训基地开展教育教学，不是简单地“走出一间教室，进入另一间教室”，也不是单纯的教育教学地点的置换。实训指导教师由于教学内容的特殊性，必须在考虑设备、耗材、环境等状况的前提下，特别要考虑教育教学的安全问题，做好课堂的安全防护工作；另外，教师在实训基地的教学还具有课时长、教学环节多等教学特点。因此，在实训基地教学的教师要承受身体、心理、技术、技能等多方面综合的挑战和压力，为减轻教师的负担、提高实训基地的教学效果，高职院校需要实时调整实训基地的管理措施，努力为每一位教师提供更好的机会与服务。

根据运营管理思维，教师或者技术指导教师在实训基地教学所投入的所有资源中居于最核心与关键的位置；同时，也是投入至产出过程中的学生身份和能力转换过程的关键因素，对于实现实训基地教学目标具有决定性的意义。高职院校实训基地的运营管理模式能够为教师提供更大的支持和更好的服务，使教师能保持更优的状态，有利于促进教师在教学中输出更多更优质的知识技能，从而促进学生获得更大的知识技能等方面的价值增值，达到提高教师教育教学效果的目的。

（3）能够提高高职院校实训基地的物料管理效率。实训基地管理的一项重要职责是对实践教学物料的准备、支用与管理，这也是实训基地正常运作的主要内容之一。实训基地在教学物料方面的使用与管理状况，一直是实训基地建设与管理研究课题的重要观察内容。在物料使用与管理方面还常常出现物料使用损耗大、物料的使用效率低、物料的库管难度大等问题。针对这些问题，高职院校通过运营管理发现，实训基地的管理环节是最能够降低物料使用的损耗，最能够提高物料的使用效率，也最能够提高物流库管效果的。

企业以营利为其最终目的，其运营管理的工作核心是为了取得更高的投入产出比和利润收入，因此，“提高效率、消除浪费”是企业运营管理思想的内在要求。既然实训基地运营管理模式是借鉴于企业运营管理经验，那么从资源统筹的角度研究制定实训基地的实验物料在购置计划、支取、库存、循环使用等全流程的规章制度，加强对实验物料的管控和记录，这是提高物料管理效率的有效途径。

（4）能够提高实训基地的利用率。高职院校投入了大量的资金在实训基地中，这些资金大多用于基地内实验仪器设备以及实验场地设施等方面的购置建设与维护维修。在此基础上，高职院校为提高人才培养质量还在不断推进实训基地教学基础设施和各种条件的升级和改进。无论是从高职院校所投入的那些资金的使用效率、通过实践教学培养人才的质量考虑，还是从高职院校相关部门的管理效能考虑，实训基地的利用率都是衡量高职院校管理工作的重要考核指标。

虽然实训基地的服务内容在培训、竞赛、科研、群团活动乃至科普等领域不断得到丰富和拓展，但这些服务基本上不属于实训基地管理的内生驱动。而由于受到人才培养方案进程的限制，实训基地的教学利用率一直存在周期性的波动。例如，在高职院校的上半学期，由于新开课程、新生开课与毕业班实践课增多，高职院校对实训基地的教学利用率远远高于下半学期。那么如何提高实训基地的综合利用率，减少实训基地的空置状态，这都需要从触发实训基地内生性管理需求和提高实训基地教学资源统筹能力方面进行探索。

实训基地在运营管理思维下将被视为一个系统，高职院校在管理过程中需要对实训基地的功能作用进行系统化的分析和设计。针对设计的不同功能和作用为实训基地制定责任清单与任务流程，采取科学措施实现实训基地运行的系统性和高效性；高职院校还要将实训基地提供的教育教学、员工培训、学术竞赛、学术科研等方面的服务内容进行系统化的设计与管理，必要时还可以运用绩效考核评价与持续改进机制，激发系统的内生动力、提高管理效能。因此，消除实训基地运行中在面对多元功能和多样化需求时出现的低质低效，激励实训基地运行管理团队提高实训基地的全年平均利用率，需要高职院校努力实现实训基地的运营管理。

（5）能够有助于营造校企合作环境。校企合作是建设管理实训基地的一个主要模式，其建设的方式有很多。从长远来看，企业深度参与到高职院校实训基地的建设管理中并不是单纯为了追求实训基地的运营效益，更多的是想要获取专业的人才储备和更高层次的社会效益。

但是，高职院校的实训基地管理水平如果长期处于过低和资源损耗过大的情况，那么这对企业参与实训基地建设与管理的信心有消极的意义，不利于企业和高职院校长期维持校企合作办学模式。高职院校的实训基地越早采取运营管理思维引领实训基地内部各方面的建设与管理工作，越能更快更好地营造校企合作的优良环境与条件。实训基地运行管理的效率和水平能够获得企业的认可，这无疑会增强企业与高职院校进行校企合作的信心，并且为实训基地校企合作模式的长远可持续发展打下坚实的基础。

二、高职院校实训基地运营管理工作存在的问题

1. 较少体现社会服务理念

效益和利润往往是企业所要追求的最终和最根本的目标。校企合作中企业往往更注重生产能力、注重效益，而高职院校由于其教育特点，追求更多的是社会效益而非短期的微观效益，这样就势必造成校企之间的合作缺乏统一的合作理念的问题。有的企业单方面认为，与高校合作完全是“赔钱买卖”，会导致自身的利益受到一定程度的损失，可能会阻碍企业的发展。因此，企业一般在校企合作的模式中并未做到完全的尽心尽力，他们不会也不愿意抽调能力较高的高级技术人员去培训学生，或者为学生提供培训的工程技术人员和熟练工人比较少，甚至派遣一些企业内部的闲置人员或者一些能力和经验相对较少的普通工程技术人员前来进行指导。没有好的指导教师，也就没有科学合理的学习过程，那么学生在实训过程中能够做的实训任务也较少。

因此，大部分实训基地提供给实习学生的硬件和软件条件都存在较大的不足，学生在这样的条件下进行实习，自然就没有办法积累足够的实践经验，就会与高职院校建立实训基地和制订实训计划的初衷背道而驰，不仅浪费了学生的宝贵时间，还浪费了投入实训基地上的资金和其他设备。特别是，当学生在实训过程中遇到不懂的问题却得不到及时的、权威的、正确的解答时，许多学生就会陷入困扰乃至自我怀疑中，对将来要从事的工作也会渐渐失去信心，大大打击了学生工作的主动性和积极性，影响学生的学习心态，学生的实训效果也未能达到预期而大打折扣。最终导致的结果是，有些实训基地甚至提供不出相应的环境让学生

去实践，根本连进入岗位前应该打下的基础都不扎实，更遑论在岗位上创新产品和创新服务了。

2．实训教学的内容过于简单

高职院校建设实训基地的最终目的就是通过实训和实习培养社会所需要的实用型技术人才，让学生所学的理论知识得到实践从而有用武之地，引领学生不断提升自己的价值，使学生能真正地进入实训中的职业角色，理解和掌握所处岗位的工作方式和方法，从中得到学习和锻炼，让自己成为全方位的、综合素质显著提升的复合型技术技能人才。

但是，现在很多合作企业秉持的不是这一目的，他们对实训基地的建设和管理持有一种敷衍塞责的态度，他们认为将自己辛辛苦苦培养出来的精英技术人员拿出来教学是对人才的浪费，也会耽误自己企业的工作效率。于是，企业往往为了应付高职院校安排的实训教学学时和教学任务，只为学生安排一些技术含量低且重复性较强（如打电话、复印文件等）的工作任务。学生在这样的实训基地根本学不到什么先进的技术，再加上实训内容简单枯燥，有些企业只是让学生充当简单的劳动力，更谈不上高职院校在实训工作中所秉承的创造性思维培养目标，时间一长，实习学生对所在工作岗位的重视程度和喜爱程度就会下降，学生工作的积极性和主动性就会降低。于是，在这样无意义的消耗下，学生很容易滋生倦怠情绪，进而导致实训的质量下降、达不到校方初始的目的，实训基地创办最初的教学目标和方针也无法实现。

3．学生在实训过程中缺乏创新精神和创新能力

一些企业对实训基地的建设管理十分松散，他们只想完成高职院校的实训任务，让学生从事简单重复的无须脑力和创新意识的劳动，时间一长学生就会习惯机械的、死板的工作氛围，渐渐地丧失最基本的创造能力，不符合当前社会对创新型人才的要求和高职院校人才培养目标。没有良好的创造环境来支撑，学生就很难用理论知识和实践去检验和摸索自己创造性的想法，渐渐地失去创新和创造的动力，从而影响学生的未来发展。特别是，有的高职院校自身也没有将对学生创新能力的培养纳入实训过程和日常的教学当中，没有相应地针对创新能力去设计教学方式，使得学生缺乏创新意识，在实习和今后的工作岗位上只能从事一些体力劳动或者较为简单的脑力劳动，职业发展缺乏可持续性。

4．实训工作的安全保障不够

实训基地的管理者出于工作安全性和不愿意负责任的考虑，往往不愿让学生操作一些有危险性的工作，担心学生的安全在实习中受到损害要被问责。一方面是企业安全生产的要求；另一方面一旦由学生操作发生事故，企业将负有连带责任，处理起来比较麻烦且会影响企业的声誉。

例如，在化工企业、生产实践过程中常常有易燃易爆、有毒有害、腐蚀性强的原料需要进入车间进行加工，但这些原料的危险性极高，往往只有相当丰富操作经验的员工才可以胜任加工工作，工作内容和性质本身对操作人员的要求十分严格。鉴于这种巨大的危险性，企业在自己生产中都会对操作现场进行非常严格的管理和把控，一些非岗位操作人员全部禁止入内，以免在工作中发生危险或者造成较为严重的生产事故。但如果学生在实习中因为所谓的安全因素无法接触这方面的技能，实训基地因为自己安全保障的问题剥夺学生进行试验的机会，那么一旦学生在今后的工作中需要完成这种类型的工作时，还要耗费大量人力物力重新进行培训，宝贵的实习机会就这样被轻易地浪费掉了。

5．高职院校、政府以及合作企业之间的关系需要协调和平衡

现阶段高职院校的实训基地主要有三种不同的组织管理形态，分别是高职院校自主管理、校企合作管理及企业管理三种。将这三种管理形式按企业所有制的不同，可以分别对应为国有企业和合作经营企业。校企合作管理与企业管理两种模式的运营管理研究也可以放到几种企业经营的具体组织形式中。

目前，以高职院校为实训基地的管理主体仍然是主要的组织形式。在这样的管理体系内要提高实训基地的运营管理水平，就必须要提高实训基地在高职院校整体教育教学工作中的地位，加强实训基地体制机制方面的改革与创新。“校企合作”运营管理是高职院校实训基地建设与发展的重点和难点，因企业参与高职院校实训基地建设与管理目标的多样性，以及企业在盈利和安全等问题上的考虑，校企合作的实训基地存在着很多需要解决的矛盾和问题。而以企业为管理主体的实训基地组织形式，有两种办学模式，分别是“企业驻校”和“学校驻企”。这两种组织形式的专业化运营管理的实现形式具有重要的研究价值。专业化的实训基地运营公司和专业化的校外基地实训场站，对于丰富校企合作形式具有重要的意义，是高职院校社会化办学的重要表现形式。

综上所述，可以看到高职院校和相关的企业是高职院校实训基地建设的两大主体，但在高职院校实训基地的建设和管理发展中，还隐藏着政府这个更庞大的主体。只有这三大主体之间互相协作，树立互利共赢的意识，才能达到实训基地创办的初衷和目的。然而，就目前高职院校实训基地建设的实际情况来看，高职院校与政府、企业之间的关系还存在较为严重的问题，亟需得到平衡和调整。这些问题具体表现在以下三个方面：

（1）政府对创办高职院校实训基地缺乏足够的支持力度。在校企合作中，政府应当主动承担起为双方牵线搭桥的“中间人”作用，努力促成校企合作的成立及发展。另外，有些高职院校没有足够的办学自主权，无法与区域产业进行主动的交流，因而，也缺乏教育改革的积极性。

（2）校企合作的机制还不完善。校企合作是高职院校实训基地建设和发展的一个重要尝试，好的校企合作模式能够实现学校、学生和企业三者的互利共赢。然而，校企合作也是高职院校实训基地办学的一个难点，许多高职院校和企业的合作仅仅停留在表层，双方管理层缺少高效的交流互动平台和交流互动机制，在人才培养方面各自有各自的考虑而不能提供各自的优势资源，没有将合作办学的优势发挥到最大反而呈现出一种互相制约的局面。

（3）政府作为校企合作的桥梁，与企业之间缺少应有的交流和互动。政府将培养人才和建立实训基地的任务下达到高职院校，却缺乏针对相关企业的奖赏激励制度，高职院校独木难支，使得企业对于高职院校的教育教学活动缺少参与的主动性和积极性。三大主体不仅没能实现互利共赢，反而互相制约，没把实际要解决的问题加以解决，将问题留在表面，没有更好地发挥实训基地的预期功能，没能挖掘和锻炼学生在实践和技术方面的潜能，制约的同时也侧面地影响着社会的发展。

第二节　高职院校实训基地运营管理工作探索

对高职院校实训基地实行运营管理的方式是改善与解决当前实训基地普遍存在的管理问题的有效途径，提高实训基地运营管理的水平，更有利于实训基地系统化、标准化、目标化及长远可持续的发展。如何提升高职院校实训基地运营管理的效率，如何针对高职院校实训基地的组织形态探索合适的管理模式和手段，解决这两大问题对于实训基地运营管理模式的建设与确立具有基础性的推动作用。在当前社会对高职院校实用型人才需求量不断增加的形势下，高职院校面临的机遇与挑战并存，探索高职院校实训基地运营模式的过程是曲折的，但前景是美好的。

一、提升高职院校实训基地运营管理效率的对策

1. 校企合作双方树立互利共赢的意识

校企合作运营管理是高职院校实训基地建设与管理发展的重点和难点。这种组织形态与市场经济中的合作经营企业有异曲同工之妙，那么在探索实训基地运营管理的过程中也可以借鉴合作经营企业的建立与运营模式，首先解决实训基地校企合作的协议、合同与章程问题。

协议指的是合作的高职院校和企业双方对如何合作运营管理实训基地在一些主要内容和原则上先达成一致意见，这些共同的意见就是拟订合同的基础。合同指的是在协议所达成的一致意见的基础上进一步就合作双方有关合作运营管理实训基地的目的、方法、步骤，以及双方权利义务的明晰和确认，这是拟订合作章程的依据。章程则是根据合同约定的原则，就合作运营管理实训基地的宗旨、组织形式、运营方针等具体事项进行详细安排和确认的文件。

由于企业参与高职院校实训基地建设与管理的目标具有多样性，高职院校对企业的诉求也不尽相同，协议等文件的规定内容也会具体情况具体分析，但是合作双方对运营管理的作用认识不能有偏差。

对企业一方而言，相关领导和负责人应该加深对校企合作的理解，认识到己方并不完全是付出的状态，而是可以通过参与校方实训基地建设提高企业的影响力和声誉度，这样不仅可以促进区域经济收益的提高，还可以为企业和地方吸引到更加优质的人才，提高企业在同行中的竞争力。

对于高职院校来说，合作运营管理实训基地的好处很明显：第一，可以为学生提供实践和成长的机会，提升学校的就业率；第二，实训基地也是学校对外开

放的展览柜和名片，通过实训基地也能起到对外宣传的作用，无形中提高校方的声誉，扩大招生规模，优化招生结构。

高职院校和企业双方还可以分别发挥自身的长处去培养人才。前者可以派学问高深、理论知识扎实的教师为学生传授应当掌握的理论知识，给学生打下坚实的理论基础；后者则可以利用自身的优势为学生提供实训实习的机会，让学生能够避免纸上谈兵和闭门造车，真正接触真实的岗位，实践课堂所学的理论知识。通过这种取长补短的方式，实训基地不仅能培养学生的优秀技能，而且还能促进教师与技术人员之间的沟通交流，提高彼此的专业素质能力，进而反哺学生，提高高职院校的教育教学质量。

2．企业应当具备责任感和奉献精神

作为一个真正对社会有贡献，真正值得顾客尊重的企业，应该自觉参与到教育事业中，为培养祖国建设的中流砥柱铺平道路，达到一个追求的最高境界。加强高职院校实训基地的运营管理，发挥企业在基地管理中的重要作用，不仅能够促进企业肩负起社会的责任，还提高了企业的知名度和社会影响力，为企业今后纳入一批新技术人才及引进更多高素质的优秀人才埋下了伏笔，使企业走得更远、更稳、更加可持续。

为此，企业应当积极地参与到高职院校的人才培养活动中，与高职院校共同培养人才，让实训基地中参与实训的学生一毕业就能快速上岗就业，投入为社会创造价值、提供效益的工作中。

3．制定科学合理的实训管理体系和考核标准

高职院校的最终目的是培养高等专业技术型人才和实用创新型人才输送给国家建设的各行各业，这是高等职业教育的本质要求。作为学生教育的主导方，高职院校在平时的实训教学工作中应提高站位，把稳自身的主导地位，避免倦怠心理，时刻认识到实训和实习对高等职业教育的重要性，不要认为实训是多此一举，在教学过程中提升学生对实训的重视程度。

为了让学生改变轻视态度，以对待理论课的态度同等对待实训课，高职院校就需要建立一套完整的教学体制，制定一系列行之有效的考核办法，包括学生在实训中的出勤情况、动手能力、团队合作能力、工作态度、听课效率、创新能力等因素，同时，还可以适当地制定一些奖罚机制，一方面调动教师和专业技术人员传道授业的积极性；另一方面激发学生大胆假设小心求证的实践精神，大大提高教育教学的效率。

4．推动校方与企业的深度合作

企业往往具有先进的设备和完备的实践活动流程与丰富的实践经验，这相对学校而言是有着天然优势的。学校注重理论研究，在科研学术方面可能有着极为深厚的造诣，但有些工艺流程理论上可以实现，可应用到实际的生产上，还需要依靠企业的生产经验去辅助和检验。因此，校企双方要加强合作、加深合作，校方与企业要保证对学生实训的投入绝对充足，为学生提供良好的学习空间和良好的实践机会。

校方与企业进行深度合作的最好方式就是针对双方合作管理的各种问题多交流沟通，在大的问题和目标上达成一致，在具体施行方面明确权责。一方面，学生在实训中所遇到的技术问题不仅可以作为教师开展教学活动的范本，还可以让学生掌握先进的技术和工艺流程为将来的课程设计提供实验数据保障；另一方面，高职院校还可以邀请企业的高精尖技术人员进校开办讲座与进行现场答疑，对学生在学习中的一些不懂的专业知识进行解惑，为缺乏实践经验的教师上一堂精彩的实训培训课，不断促进高职院校办学的水平。

5．做好学生实训操作的安全预案

安全是第一位，在实训或者实操的过程中，企业应当强化自身设备的监督和管理，频繁检修设备，及时找出存在的种种安全隐患。另外，企业可以制定一些有关实训期间员工和管理人员行为的管理制度，提升企业员工的素质能力，为高职院校实训教学提供更好的制度条件。

在实训期间，为了保证安全起见，防止出现这样那样的安全隐患。企业应当采取“少量多批”的上课机制，即派遣对应岗位的技术人员给对应专业的学生进行面对面的小班实训，同时，在实操前一定要进行相应的安全教育，加强企业对安全设备的投入，并针对参与实训的学生量身定制更加严密的安全保障制度，以便让高职院校学生在绝对安全的保障下，在企业实训基地中不断提高自身的实践能力、行业业务水平和沟通能力。

6．政府要对高职院校建设实训基地的行为给予大力的支持

在高职院校建设实训基地的道路上，仅靠学校的努力孤木难支，必须有政府的大力支持才能有更大的办学底气。政府应当出台更多的政策和优惠措施去帮助高职院校与企业双方建立更好的合作关系，做好在高职院校和企业之间牵线搭桥的中间作用。除此之外，政府应当发挥自己的引导作用，倡导对接企业主动与高职院校合作，并借助各种各样的宣传手段提高高职院校和企业的知名度，有效地推动高校和企业双方的深度合作。必要的时候，政府还可以在校企合作期间提供一些资金上的补助，让企业可以获得一定的补贴，提高企业与高职院校合作的积极性，让校企双方合作更长远，合作更加坚固。

高职院校所培养人才的水平和质量决定了其是否能建立良好的社会形象，是否能够得到社会的支持与认可。学生在校内外的实训基地进行实验操作和技术锻炼，可以改变传统课程的单一模式，激发学生主动参与工作的热情，为学生毕业后走上就业岗位开辟一条道路，促进学生尽早与企业对接。高职院校实训基地运营管理模式不仅践行了高职院校和企业共同培养人才的组织形式，还弥补了高职院校实训课程设备经费不足的问题，实现了双方优势互补，为学生进入社会打好基础。

二、高职院校安全管理工作的内容

自我国实行“大众创业、万众创新”的国家战略以来，面对职业教育的新形势、新任务、新要求，我国高职院校在培养学生创新创业能力方面进行了多种探索和实践。通过近年来创新创业课程改革和建设，我国毕业生创新创业能力和就业质量明显提高，促进了学生素质的全面发展。

根据教育部的定位，高职院校实训基地是学生实践体验、展示实践创新创业能力的重要场所。因此，在“大众创业、万众创新”的大背景下，高职院校要培养具有创新创业意识的现代复合型人才，使学生具有较强的自主工作能力、合作能力和创新能力，达到就业岗位后的社会交往能力和创新创业能力。实训基地的建设和管理对创业创新人才的培养具有重要的作用。

在高职院校实训基地的建设管理中，以真实的企业环境和管理模式为依托的实训场所是培养学生创新、创业能力的有效模式，在“双创”背景下如何进行实训基地的建设与管理是各所高职院校需要共同探索的重要问题。

1．“大众创业、万众创新”背景下高职院校实训基地的现状和问题

（1）学生“创新创业”的实践场所和实训基地之间的衔接问题。目前大多数高职院校已经开始对学生开展公共平台创新创业课程，但这些平台的课程仅仅停留于课堂和理论教学方面，学生创新创业能力的培养只体现在假大空的虚势阶段，未能充分与学生自身所学的专业相结合。据调查，学生普遍反映，目前的实践教学课时只能完成课程要求的教学训练，仅依靠课堂训练和整周训练课程是不足以完成创造性生产和拓展训练的。这说明学生虽然已经初步具有一定的创新创业能力和创新意识，但培训教学平台不足以支持学生开展“创新创业”的深化学习。因此，如何充分使实训基地与“双创”教育功能相匹配，是高职院校实训基地管理中亟待解决的问题。

（2）学生的实训体系与创新创业教学体系难以融合的问题。2014 年以来，我国各大高职院校在“双创”理念的指导下已经制定了相对完善的创新创业人才培养机制，但创新创业教学体系与专业实训教学还未能实现很好地结合与衔接。高职院校实训基地的主要功能有课内实训、整周实训、毕业设计、顶岗实习等。

但是，目前实训基地的各实训功能之间缺乏有效的衔接，实训项目之间缺乏内在的联系，与学生创新创业理论的结合更是少之又少。实训基地要充分与课程项目、情境相结合，与行动导向教学法、角色扮演法等创新教学模式相结合，形成实训与“双创”理论课程相适应的专业课程标准和课程体系。只有通过创新创业教育与实训课程教学的融合与渗透，才能真正增强创新创业教育的实效性和针对性，进而提高学生的创新能力和创业能力。

2．“双创”背景下的实训基地建设与管理发展

我国推行创新创业教育的根本目的是赋予学生创新创业的思维意识和实践能力，从而推动学生增强创业实践、促进科技和创业成果转化等行为的产生。成功的创业实践可以有效地验证创新创业教育的成效，反过来又能成为成功的范本，推动创新创业教育的更好开展。

而要开展完整有序的创业实践，一个设施完善的实践场所必不可少，否则创新创业永远只能停留在理论教学和课堂讨论、计算机上虚拟仿真层面。因此，创新创业精神和教育的最终落地，即从“假大空”的理论教育转化为能够亲身体验实践且有成功范本的落脚点是一个合适的实践基地或场所，让不同专业的学生兼顾学习、实践和创业，通过开展与自身专业相结合的创业实践活动，从而不断培养学生的创新意识、启发学生的创新思维、锻炼学生的创新能力，培养他们的开拓能力和管理能力。

（1）建立“四位一体”功能有机结合的实训基地。高职院校应当改变原本单一的实践教学基地，通过实训基地优化等措施将其建设成为具有日常教学实训和学生创新创业能力培养的集“双”功能于一身的一体化实训基地。这种实训基地同样也可以采用校企合作的管理模式，建成“厂中校 + 校中厂”的多功能实训基地，形成各实训基地之间学生能力培养层层递进的关系。“四位一体”的实训基地在满足校内实训教学任务的同时还能够满足相关企业员工培训的要求，而企业也可以在实训基地建设、实践项目开发、课程建设等方面全程参与，最终形成校企实践教学的资源共享机制。这就为学生在校内实训基地提供了技术应用性服务的机会，将创新创业教学、专业实训、企业生产，以及创业能力培养“四位一体”有机结合。

（2）探索利用率最大化的实训基地运行与管理模式。实训基地有着完备的实验资源和实验设备，但这样的实训基地较为稀少，高职院校往往面临着教学资源使用紧张的共同难题。那么要解决这一难题，探索实训基地“5+2”和“白加黑”管理应用模式，为学生尽可能地将实训基地有限的创新创业实践资源和应用效率最大化。所谓的“5+2”是指周内 5 个工作日加上 2 个休息日（即周六、日）、“白加黑”中的“白”是指学生正常上课课间，“黑”则是指不仅仅将开放时间局限在课时上，而是在学生下课之后的第二课堂时间也能够将实训基地开放给学生使用。

“5+2”和“白加黑”的管理应用模式固然十分理想，但还需要建立健全的电子数字化管理系统，还需要让那些具有较强的责任心与管理能力的学生干部对实训基地进行课后管理和监管，另外，学校还应制定相应的实训基地行为管理制度和激励惩罚措施。在保障实训基地设备安全及操作使用规范的前提下，高职院校通过将实训基地的使用权放归学生，充分尊重和保护学生的自主学习权，同时，还配备指导教师，通过一系列的创新创业项目，引导学生参与科技创新，体验创新创业过程中的满足感和喜悦感，达到提升学生创新创业的基本素养、基本技艺和基本能力的目标。

（3）改革实训课程教学模式。创新创业教育的核心是对学生思维意识和素质能力的培养，而不是简单的理论教学和技能要点教学。学生将创新创业公共教学平台的课程学习完成后，在专业课程的实践教学中，通过加入并参与到项目主导的探究式小组，体会合作教学的方式，充分调动学生学习的主动性和积极性，小组岗位式轮岗学习，使学生掌握本专业相应岗位群所需的技能，从而实现实训课程与企业岗位需求的“内容耦合”。如在行车组织培训课程中，岗位分组包括司机、站务、行车调度、电力调度、环保调度、控制中心等岗位角色，学生通过小组轮换，掌握每个岗位的技能，实训的课程内容体系与广州地铁、深圳地铁等企业合作建设，介绍典型和大型工作任务、技术技能、企业理念和工作场所座右铭、企业管理标准和安全标准，使学生了解相关企业的基本运作模式，接受专业素质教育，提高学生就业后的实践能力、创新能力和岗位适应能力，真正实现创新创业课程与实训基地教学内容的有机结合。

（4）在校内实训基地创设企业情境。校内实训基地的建设是提前让学生感受职业内容和氛围的平台，在校内实训基地营造浓厚的企业文化氛围，通过企业文化氛围的熏陶能够促进提升学生的综合职业素养。企业的文化氛围和内涵不是短时间内就能形成的，它是一个企业在长期的建设运营中凝结和沉淀起来的精神内核。

目前，文化氛围已成为企业员工默认的行为规范、职业规范等，具有强大的精神力量。高职院校实训基地的建设也可以采用各种物质或文化手段，通过宣传标语、名人画像等方式，再结合教学资源共享机制，使学生在实践教学过程中感受一线岗位技能要点的同时提前感受企业文化的精华，体验企业理念的浸润，耳濡目染地接受职业素质培养，在潜性教育中浸润企业文化的气质和精髓。

综上所述，培养“双创”人才离不开实训基地的建设与管理，而实训基地的建设与管理又是高职院校管理工作开展过程中的一项长期而艰巨的任务。因此，高职院校需要加大对实训基地的投入力度，建立科学合理的基地管理机制，搭建校企深度合作共享平台，不断充实师资队伍，提高师资水平等。一线教师特别是实训课程的教师，应当结合专业实际情况制定实训场所的管理制度，安排生产性实训的教学内容，开展真实性实训基地内涵建设等，大力促进实训基地向创新创业实践平台靠拢，为“双创”人才的培养提供基地保障。

第六章　高职院校信息化管理研究与实践

高职院校管理信息化是利用现代信息通信技术，经过网络技术来集成管理与服务，从而开发和管理高职院校所需和拥有的信息资源，增强管理效率、决策水平和控制能力。由此便可以节约资金，改善组织结构、业务流程和工作方法，为学校、教师、学生和社会提供高质量、标准化、透明化和国际化的管理与服务，超越时间、空间和分工的限制。办学规模和办学水平随着时代发展也在不断增强，各高职院校都在探索共享信息资源、简化流程等管理工作的信息化管理建设，信息管理的重要性不言而喻，与现代高校的管理工作紧密结合在一起。

第一节　高职院校信息化管理工作现状

当下，随着社会的高速发展和相关需求的日益旺盛，高职院校信息化管理的规模有了不同程度的扩大。原有纵向、多层次的组织结构，带来了管理失控、管理效率降低等一系列问题。因此，信息化管理已成为高职院校内部管理改革的重点。具体而言，高职院校信息化管理是指利用信息技术对学校管理信息和数据进行系统的采集、分类与存储，从而实现学校管理信息、工作流程和规划决策的数字化、网络化、智能化的过程。高职院校的信息化管理经历了一个从实现单一功能到对管理工作和过程的全面支持、从工作支持到流程改进、从单一运用到系统集成的发展过程。

一、新形势下高职院校信息化管理

人是社会进步与发展的关键因素，人才的质量和数量对一个国家、一个时代的未来有着极为重要的意义。高校是人才输出的重要场所，它在一定程度上决定着向社会提供人才的思想道德、理想信念、思维方式、能力水平等，可以说高校人才培养与社会、国家和时代的发展进步密切相关。这就决定了高校必须与时俱进，紧抓时代脉搏，不断提高育人水平。

在实现我国高等教育大众化的道路上，为了满足人民大众对教育的需求，高等职业教育起到了决定性的作用，做出了重大的贡献。随着时代发展，在人类社会发展中，信息和知识的地位日益上升，在广大人民群众对高等职业教育的认识越来越理性的同时，对于高等职业教育也提出了越来越高的要求。2019 年教育信息化工作要点中明确提出深入落实《教育信息化“十三五”规划》和《教育信息化 2.0 行动计划》，加快各级各类学校数字校园建设与应用，加强职业院校教育教学、后勤管理等方面的信息化建设，充分利用信息技术，推动教育现代化进程，体现了政府对各级各类学校信息化的重视程度。

因此，作为高等教育的重要组成部分，高等职业教育也必然要顺应时代要求，深化改革与创新，提供更多的技术技能人才，服务“中国制造 2025”等重大国家战略。除此之外，国家先后出台了《教育信息化十年发展规划（2011 － 2020 年）》《职业院校管理水平提升行动计划（2015 － 2018 年）》《职业院校数字校园建设规范》等一系列文件，加快新形势下的职业教育改革创新需要。

1. 新形势下高职院校信息化管理的背景

伴随着时代的飞速发展，学校财力、物力与以往都有了很大的进步，硬件设备也逐渐得到保证，学校的网络构建项目获得了很好的进展和完善，因此有能力拓展学校信息化管理。在教育变革的推动之下，现今各个学校的学生信息化管理都处于十分重大的变革时期。在构建信息化的过程中，所有高职院校也都开始建立自身的信息系统。在此系统之中，每一个业务部门的主要工作都能被轻松浏览，部门与部门被十分紧密地关联在一起，所以某些部门经过集中措施被集中在一起进行统一化管理，业务的协作能力得以提升。由于并没有展开业务重组，高职院校的信息管理系统原有的工作能力无法得以体现，工作效率也无法得到提高。因此，对学生构建信息化的管理十分重要，通过运用相关手段对学生的信息管理系统实行统一化、完善化，尽可能地提升学生信息化管理的工作效率。

对比发达国家的发展现状，中国的现代信息技术急需大力发展，这在很大程度上是因为中国开始研究的时间比较晚，对比发达国家而言有不小的距离，学者也未能过多地分析该问题。

在如今社会中，处于大学里的学生习惯于利用网络来获取知识、传送信息、沟通情感等。大学是特别的时期，大学生的思想在此期间渐渐走向成熟，发现并了解新事物与新概念的能力也很强，并且也容易因为一些方面的原因使自身判断发生转变，目前高校的信息化管理程度是左右很多学校是否进行高校管理工作信息化的重要因素，这也说明必须深入研究学生信息管理系统，只有这样才能加快学生信息管理工作的信息化进程，从而在最短的时间内使得管理者从学生信息管理系统中取得信息，减少失误率。

2．信息化与教育信息化

20 世纪 30 年代，“信息化”一词以社会产业结构演进的角度最先出现在学术研究领域，直到如今，学术界尚未对信息化有一个统一的说法。有学者认为，信息化有着极其广泛的定义，从内涵上说包含两个层次：一是信息技术的利用广泛，信息化的观念深入人心；二是信息技术产业的高速发展。从外延上看，可以将信息化理解为一种信息生态，是一个时间段社会发展呈现出的一种信息环境。

很多学者也从专业的角度对此进行了解释。周宏仁教授从恩格斯关于产业革命的定义角度出发，对信息化加以定义，认为信息化是利用信息技术对人类社会生产生活的方式、模式、机制和结构进行全面改造，导致人类社会生产体系的组织结构和经济结构发生全面的变革。钟义信则从信息技术的发展和应用角度出发认为：“信息化是利用信息技术武装国民经济各领域，以提高社会劳动生产率。”

在本书中，更加赞同朱建良提出的说法，即信息化是在社会活动的各个方面广泛利用现代信息技术，充分开发和有效地利用信息资源。在此基础上，本书对信息化添加了更加丰富的理解，本书中的信息化是指随着信息技术的快速发展，信息技术广泛应用于人类的生产生活中，可以经由信息手段实现预期目标，提高效能，从而服务于人们的生产生活全过程。从这个角度上来说，信息化不仅体现在信息技术的使用，还体现在人们思维方式的转变、运行模式变革的各个环节。

基于社会信息化的时代背景，教育信息化被提出，对于教育信息化的解读也存在诸多分歧。黎加厚教授认为，教育信息化是一项系统工程，它关系到整个教育改革和教育现代化，是以现代信息技术为基础的新教育体系，而不是简单地将信息技术应用在教育领域。李克东教授则看法不同，他认为教育信息化是一项系统工程，是在先进的教育思想指导下，将信息技术积极应用在教育教学领域的各个方面，广泛利用信息资源，培养适应信息社会要求的创新人才，从而加速实现教育现代化。

在本书中认为，利用互联网等信息化思维模式和理念，为更好地实现人才培养目标做出的一系列教育教学改革和创新就是教育信息化。教育信息化是新兴的教育模式，它的核心是利用信息技术，尤其是互联网技术，在教育教学整个过程中提供帮助和服务，提升教育教学质量，使得教育者和受教育者均能从中受益。传统的“教育空场”因为教育的信息化而不复存在，教育教学从此不受时空限制，从而最大限度地满足人的发展需求，是教育现代化建设的关键内容。

3. 学生信息化管理

计算机的信息处理设备主要适用于信息化管理工作，这个转变也将是一个替换的过程。目前绝大部分高校处于接纳它的状态，相信在今后能有一个迅速崛起的状态，其内容也随着技术的不断革新，而有所增进。

本书所指的学生信息化管理工作必须建立在计算机信息化技术的基础上，通过整合学校学生的信息及资源，在新生进入学校的时候，将学生的一些基本情况录入系统内部，在此基础上完成分班、分宿舍、评优、扶贫等功能。该系统的板块主要分为新生入学、贫困生扶贫、毕业生的走向安排等。现在通过信息技术提供的支持，绝大部分学校已经使用一些现代化的教学设备，一定程度上提升了教师的教学水平。同样对于管理者而言，学生的信息化管理工作也因此变得更加的方便。实际上，信息化管理对于管理者来说也是一种数据化、网络化、规范化相协调的体系。在这种健全的模式下对学生进行管理，可以极大地帮助校方行政工作部署。

4. 高职院校学生信息化管理的现状

在一些高等学校，学生的一些信息管理被学生信息化管理全面覆盖，所有与学生相关的信息都会储存在专门的学生信息管理系统和公共信息网络系统之中。但是，并非仅仅把数据存储在网络之中就可以称为学生的信息化管理，还要将这个概念植入学生管理工作之中，改变学生管理方式。由此引导高等教育管理方式发生变化，使高等学校学生管理工作更加先进化。

在现今这个时代，使用信息技术完成学生管理信息化是不可逆转的发展形势。所以，急需构建可以满足教师、学生互动沟通的平台，能够进行高效学生管理的系统以及完善的学生管理工作观念、工作方式的数据库。在这样的学生信息化管理平台之中，学生与管理者可以在网络中体会信息化的管理系统，也可以在真实生活之中考察管理平台，由此优化管理系统，从而构架一个共同体现网络和真实生活的管理系统。

近几年，之所以学生管理工作的进展不多，是因为教师在现今的教育观念之中仍然是主体。因此，实际上在学生的管理工作方面，经典方式仍旧在持续着，诚然学生管理的方式和内容方面发生了一定变化，但在很大程度上也是穿着新鞋走老路而已。但是学生信息化的管理工作模式会彻底改变以前的学生管理方式，它注重学生管理的概念和方式，会将“人”当作主体，而不是像以前仅仅注重信息技术的运用。学生信息化管理，尤其是高等学校的学生信息化管理涵盖了许多内容，一般是教育和管理概念的变化、信息技术的改革、管理服务方式的改革等。

对于高等学校的学生展开管理是十分繁杂的事情，这是因为它不仅要有详细、全方位的工作过程，而且每一个工作过程都要互相合作。信息技术高效、方便的信息传送特征，让人们的生活发生了天翻地覆的变化，学生管理工作的信息化也由此得已建立。这种信息化的平台，对学生信息库的研究更便捷，简化了工作过程，提高了工作效率，还可以通过网络互动系统，来充分沟通与学生管理工作有关的经验。

《国家中长期教育改革和发展规划纲要（2010—2020 年）》提出，“把教育信息化纳入国家信息化发展整体战略”；十八届三中全会通过的《中共中央关于全面深化改革若干重大问题的决定》中指出，“深化教育领域综合改革，构建利用信息化手段扩大优质教育资源覆盖面的有效机制，加快现代职业教育体系建设”。

高职院校学生信息化管理能较好改善教育管理的现状，促使其朝更好的方向发展，是实现职业教育管理现代化的必由之路。高职院校学生信息化管理建设，对于管理理念的转变、管理行为和管理流程的规范、管理技术的优化、管理能力和管理水平的提升、管理效力的保证、管理制度的完善等方面起着举足轻重的作用。由此可见，高职院校学生信息化管理越来越成为一种趋势。

数字化校园的建设由于信息化的发展而突飞猛进，但是现阶段，信息化建设过程中也出现了很多不和谐的声音：项目建设缺乏整体规划，投入大，产出少；缺乏质量监控，使用多，评估少；缺乏技术更新，数据量大，利用率小；缺乏组织管理，事务多、专业人员少；等等问题层出不穷，这些充分证明了高职院校学生信息化管理还远远跟不上信息发展的脚步，高职院校的全面信息化管理还任重而道远。

5．学生信息化管理的特征

本书所讲述的学生信息化管理的用途，主要是运用先进的信息科技和管理方式改革经典管理方式。这对于学校做出正确的、明确的抉择是有很大帮助的，同时，也有助于教师、学生更加完整地采集信息，让学生管理工作效率更高。除此之外，还可以实时地上传下达，也就是实时向上级告知近期情况或者总结工作体会，还能向教师、学生传达上级的工作指示甚至国家文件精神。高等学校的学生管理信息系统在一个单位或者一些单位局部联接网络使用的时候很方便，还能全面覆盖整个校园网络，虽然现在每个高校学生信息管理系统化的程度不同，但是纵观全国，尤其是运用情况较好的高等学校，学生信息管理系统大都有以下几个方面的特点：

（1）页面特点。学生信息管理系统的页面简单直观，运用方式十分便捷。使用者在输入信息的时候并不复杂。除此之外，其操作十分地接近真实生活，输入页面是相同的，使用者由始至终都可以在相同的思维方法中展开操作。

（2）系统功能的特点。基于校园网，学生工作管理信息系统采用了基于移动互联网技术的B/S架构，其系统的重点工作平台为Web方法，这可以在不同客户端实现系统用户端软件的快速部署，信息系统的应用领域由此得已拓展，信息系统的可转移性和可拓展性也得到了保证。

（3）注重非技术性的原因。首先，学校的高层管理者应该尤其注重学生信息化管理，并且为了保证学生管理信息化系统的构建，还要构建一整套科学高效的系统，从而确保各个单位可以在构建的时候互相合作。其次，学校的高层管理者要更注重基层管理者的影响力，这是因为基层管理者是经验丰富的学生管理工作操作人员，可以利用他们的经验改善学生管理信息化系统。最后，学校的高层管理者还要关注、训练或者吸引高水准的信息维护系统的技能人员，只有这样才能尽可能地确保信息系统的稳定运行。

6．高职院校学生信息化管理模式的构建

信息技术在高职院校学生教育管理、信息处理等各个环节不断深化，在工作效果和模式的改进、工作效率的提高等方面成效显著。虽然各个学校的学生信息化管理在计划设计、运用效果方面不尽相同，学生信息化构建水准也各有差异，但是无论如何只要想保证学生信息化管理的质量，就必须建立结构合理的信息化管理模式。而建立这种管理模式与信息化基础设施、信息技术的运用、管理组织结构、管理人才培养以及信息安全监控能力等因素紧密相连。行之有效的学生信息化管理模式的构建一般应具有以下条件优势：

（1）基础设施建设方面。安全性高，维护与管理容易，不受人员与空间的限制；能存储大量数据，能共享信息资源，有很高的利用率。

（2）网络技术运用方面。善于准确利用网络信息技术，能够有效发挥网络信息技术在信息数据管理、分析、挖掘方面的优势；可以灵活、及时地关联学校各信息系统间数据，有效地整合和利用学校各信息系统间数据。

（3）管理组织机构建设方面。高层管理人员给予高度关注，拥有健全的管理体制，合理的机构设置，明确的责任分配，能够保证各部门在信息化管理过程中的相互协作。

（4）人力资源建设方面。注重培养或引进高水平的信息技术人才，确保信息化管理队伍的稳定和管理的平稳运作。

（5）信息安全监控方面。具有相对较高的安全性。有自动化的监控机制可以监控服务器及数据库的实时情况，信息化管理应用系统的效用得以保证，从而弥补人工操作中存在的盲点。

二、高职院校信息化管理工作存在的问题

1. 国内外院校信息化管理状况

对外国高等学校的学生管理状况而言，一般是采用信息化管理，运用此方法能较快、较正确获得学生信息，还能为学生提供服务。同时，它还被看作是构建危机预警体制不能缺少的方面。

（1）美国。在全球信息技术开发和使用领域，美国显然占有绝对的优势，早在20世纪中叶就有美国学者提出了教育信息化的思想。美国高校的信息化管理主要依赖于学生信息管理系统的建设，重数据管理、轻事务处理是美国系统建设的特点。美国高校对数据的保密性和安全性要求极高，学生工作信息系统的核心实际上就是学生档案信息管理。基于这一理念，他们在系统设计上注重功能设计，更注重有利于

厘清思路的总体规划的建立。当前，美国拥有很高的教育管理水准，美国的大学、中学、小学都运用网络教育，学生的整体素质因为高级网络信息技术的使用得以提高。显然，美国的信息化教育管理方法获得了十分明显的成效，是其他国家的榜样。

（2）英国。国际化、市场化、社会化、优质化是英国高校的学生管理特点。“以人为本”的原则体现在设计学生管理系统的方方面面，是学校所有发展的根本，学生管理系统将学术事务全部联系起来，起到对全国性学生事务管理行业的引领作用。21世纪初期，英国的综合国力依然强大，它开始强力发展信息化教育管理系统，促进网络教育管理系统高速发展，教育信息化的水准因此大幅度提升。英国还利用了立法的方法，确保信息化教育稳定拓展，使其成果更加稳定，获得了很好的成效。

（3）中国。20世纪80年代中期，我国开始高校信息化管理体系的建设，那时候，校园网的建设是高校信息化发展的主要方面，尤其是在1994年CERNET的建立，使高校信息化建设掀起了一股浪潮，不仅同步建设校园网的内部结构，而且很多有前沿眼光的高校建设者已经开始意识到构建应用系统方面内容的重要性。但是在那个时候，严格地按照各个部门的分属职能来构建系统还是主流。在这个阶段，与IT相关的实验室承担学校的信息化建设与管理工作，成立独立建制的网络信息中心就算是机制建设的先进学校了。

从20世纪80年代开始到现在，我国高校信息化管理已经经历了四个阶段，主要包含电算化阶段、校园网络建设阶段、网络信息系统建设再到目前的数字校园整合集成阶段，在信息化建设前进的道路上我国高校拥有了更多的选择。高职院校学生信息化管理工作覆盖范围广、涉及人数多，是否及时、准确、全面、客观对接学生与管理者、管理者与学校、学校与校外行业工作的信息非常重要，这都对管理效率与管理成本的协调提出了更高的要求。

与国外一些发展得好的国家相比，我国全方位地启动并推行教育信息化的历程较短，很多方面还不完善，然而面对整个教学板块，任务量却是巨大的，同时还有时间紧、情况多样化等种种问题，相对于发达国家落后了很多。

信息技术在不断地更新换代，到了现在这个阶段，毋庸置疑，高职院校已经成为信息化建设最需要考虑的地方。高职院校中的大学生在这个阶段，他们不再是被动地接受教育与管理，而是根据自己认同的方式选择适合自己的方式来获取知识、传递信息、交流思想等，而这些大部分都依赖于网络的连接和发展。若要保证高职院校学生信息化管理工作有效顺利开展，需要优化管理体制、网络技术、信息化人才、信息资源的配置，所以深入研究学生信息管理系统，在分析梳理现有管理流程模式基础上，探求新思路、新方法，明确今后的发展方向是各高职院校早该着手准备的工作。

2．高职院校学生信息化管理建设中存在的现实问题

高职院校信息化建设项目是一个有层次的系统工程，因为它需要充分发挥信息网络和技术的优势，需要广大教职工的共同努力，需要利用到行业内外信息资源。这项工程涉及学校管理队伍理念的信息化、学校组织管理的信息化、技术的现代化等。近些年，教育领域的热门课题正是有关信息化管理理论和技术方面的研究，因此需要紧跟信息化的发展，一定要增强对教育与管理信息化的分析，并且将研究结论运用在教育的前线。然而我国高职院校在学生信息化管理建设方面也存在一些现实问题：

（1）信息数据骤增，信息基础管理设备能力有限。一是设备陈旧，淘汰率高，更新速度慢；二是标准不统一，共享信息资源难。由于采用的基本构架，以及技术要求存在很大的差异，各部门自主开发的系统信息资源相对孤立，关键数据需要使用时不能实现一键式互通，信息化工作流程受阻，工作效率低下。

（2）网络技术信息化水平不高。一是闲置浪费，在管理过程中积累了大量信息数据，这些数据往往不能得到及时有效利用，利用率低；二是在完善数据结构，处理、分析数据信息方面信息化管理软件有一些不足，影响到管理者决策的科学性。

（3）组织管理体系不健全。一是缺乏有效的管理制度。由于教育体制存在差异，我国高等职业教育的管理工作和欧洲国家不一样，规划是中国高职院校的信息化管理最先要求做到的。但是目前颁布的教育管理信息化政策或者计划后，后续没有出台与之相应的制度保障机制和绩效评价措施。二是岗位职责不明确。这一问题常常表现为学校信息化组织、规划、建设、管理、维护、培训职责高度集中于某一业务部门。三是缺少专项工作组织结构，管理模式单一。管理层对学生信息化管理事务的统筹考虑不足，信息处理能力欠佳，为保证行政管理效率不愿放手，只有通过加强控制的手段来对下层实行管理，导致各部门在信息化管理过程中不能相互协作、共融。另外，由于涉及业务众多，执行层培训学习机会较少，不能有效提升协调管理、技术创新能力。

（4）管理队伍信息化意识淡薄，专业化程度不高。一是领导层观念还没有转变过来，对信息化管理缺少系统性的研究，没有意愿参与信息化管理的决策；二是管理人员，由于在工作方式和工作态度上不求上进，因循守旧，信息化水平不高，主观能动性差等种种原因使得本该处于主动地位的教育管理者成了被动的一方。

（5）管理系统的构建实现了现代化管理，但安全性令人堪忧。一是由于行政管理的权威性，底层的管理方式完全是按照上层的意思来制订计划、标准和措施。在这样的行政教育管理模式下，没有得到测试就投入使用，纯粹是为了完成任务，风险性很大，信息管理系统的稳定性和安全性得不到保证。二是管理人员责任感不强，缺乏风险意识。由于安全监管不力，系统在使用过程中会产生各种自然风险、后期技术风险和人为风险因素，一旦发生问题，产生的后果可想而知。

3．学生信息化管理存在的问题及分析

学生信息化管理整个项目质量的成败往往都来自这些方面：网络硬件设施的配备、信息系统的运行、管理队伍的建设、信息系统的规划和利用问题。这也是信息化建设过程中耗损最大、最易发生质量管理失控、最易产生风险的薄弱环节。所以，决定项目能否行之有效的关键所在是优良的学生信息化管理模式。

（1）信息化管理基础设施建设薄弱，导致信息资源无法共享。运用现代化的管理技术和信息技术，才能保证项目的质量。在20世纪末期，在水利、建筑、金融、财务及宏观管理领域，信息化管理技术的应用呈现出勃勃生机，涌现出一大批以提高管理效率、实现数据、信息共享等方面功能的信息化项目管理工具。各企业在项目管理中越来越重视信息化管理基础设施的建设，这种管理基础设施一般具有以下共性特征：

①信息存储能力强大，可以实现项目部门间、行业间的信息资源有效互通。

②有较好的安全性和稳定性，信息更新及时。

③易于使用，共享方便，运维成本较低，效率高。

④适用于分散办公和远程办公。

与其说是基于实际需要，不如说是基于上级的指示，我国高职院校的学生信息化建设往往形式主义大于实用主义。纯粹为了完成“任务”，在进行信息化基础设施建设时一哄而上，在没有经过充分调研的基础上，各学院、各部门都埋头信息化建设，为此不惜重金购买硬件设备，没有科学的预见和分析，这带来了大量低水平重复建设，不仅学生数据的共享与互通没有实现，还严重浪费了资金，违背了最初信息化管理基础设施建设的初衷。在信息化管理基础设施建设上并没有达到项目建设本身的相关要求，问题往往出现在以下几个方面：

①数据存储量有限，信息资源共享安全性不高。一般将数据存储在不同的大型服务器里是现有学生信息管理系统的常见做法，并不是由专业的团队来进行服务器的维护，因此只要哪一台服务器出现故障，或是被病毒入侵，很有可能造成数据的流失，影响工作的进度。如果要恢复数据的使用，那么在时间上和程序上则很难进行控制。

②校内现有管理系统对数据垄断，信息资源无法对接。学生处的学生信息管理系统与离校服务系统、毕业实践服务系统“各自为营”，信息不能对接的问题也很普遍。这是因为两个系统分别服务于不同的职能部门，他们在开发之初，就是因为某项独立的功能而设计的，因此，只考虑如何最大限度地满足自己工作的需要，解决当下问题，信息协调共融并没有被充分考虑，这样就出现了两个系统都需要学生反复注册个人实名信息，学生在需要使用时要两个系统界面反复来回切换的情况。

③硬件设备建设和软件开发缺少统筹规划，信息数据难互通，利用率低。首先，在系统建设初期系统的发展和升级的应用并没有被以可持续发展的眼光看待，这就导致了同一产品的不同版本不能兼容原有数据，学生管理信息数据通用与共享很难实现。其次，硬件设备折损率高。虽然信息技术发展的速度快，但是信息化建设的周期却比较长，很多现有设备往往在还没有得到充分地开发和利用之时，使用价值已消耗殆尽，这就造成了人力、物力、财力、技术力量的巨大浪费，从这方面来看，对于高职院校来说，信息化基础设施建设某种意义上就是吞噬资金的无底洞。

④教学、管理自动化受限。为师生提供弹性服务，即对学生实施人性化的服务，提供可学习的资源，向管理者提供管理需要的一切数据资源，实现协同管理的目标本应该是网络基础设施建设的出发点。由于现有软件对硬件设备在空间上的限制，这样就使信息化的基础设施建设成为一件摆设。

以上现实问题的出现，充分说明目前高职院校迫切需要改善基础设施建设，尝试建立一种能实现资源共享、数据互通、利用率高、运维成本低、安全性能良好、突破地域空间限制的、统一的信息化管理平台。

（2）高端网络信息技术的缺乏，导致信息数据资源利用率低下。项目管理中信息化管理基础设施的建设，实现了基于网络平台的协同管理模式，实现了项目间资源自由流通与共享。在这个过程中，关键是网络信息技术的准确使用。大量的固定信息数据存储于项目管理系统中，在管理过程中，由于时间和范围的变化，新的数据不断地产生。这些看似独立的数据，实际上可以借助科学的手段将它们有效地关联起来，继续为项目管理提供决策参考服务。在项目管理中使用现代的网络信息技术与方法，可以为项目管理全过程提供可靠的数据资源。更重要的是，通过运用现代化网络信息技术，可以对工程管理中的数据进行多维设计与规划，可以优化工程数据资源及实现工程数据模型分析，从而达到辅助项目决策的目的。所以，高端网络信息技术运用水平的高低应体现在以下几个方面：

①具有稳定的基础设施、较高的数据资源利用率，能保证该信息技术发挥其最大优势。

②该技术可以完善数据结构，能收集项目管理系统中的各类型数据，对数据进行多维分析，向管理者提供项目管理所需要的全方位的数据；能挖掘、分析所收集的数据，并从中寻找出规律，形成指导性依据，帮助项目管理者决策。

③该技术促进项目科学、有序管理，同时，利用该技术项目管理人员可实现数据整理、完善、归纳和分析。

然而，大部分高职院校现代化信息技术运用整体水平偏低。其一，管理系统只能实现数据的录入、查询、统计、输出等较低层次的功能，也就是仅能保证常规性办公；其二，非结构化数据日益增长，它具有形式多样、存储分散、数据分析难等特点，这给高职院校数据整合技术提出了严峻的现实考验，面临的主要问题如下：

①缺乏专业技术支撑，导致数据资源利用率低下。以学生课程成绩分析系统为例，教务系统学生数据积累最集中的板块就是学生课程成绩管理。课堂作业完成情况、课堂表现、课后作业、考勤和平时测验几个因素组成了学生的课程成绩，各系部教学管理人员具有独立录入学生数据和管理的权限，录入后也可随时更改。但是由于全院学生数据量大，成绩评价标准不统一，教务系统本身也不具备自动监控和分析能力，这就导致操作随意性很大，课程成绩分析的不准确性。在这种情况下，信息技术无法发挥其优势，既无法实现最大化地利用、挖掘潜在可利用信息数据，更不用说进一步细分这些数据，所以，需要考虑整合学生的数据资源结构，对教学与管理实践实现有效的指导。

②数据结构不合理，造成整理不完善，归纳、分析的不科学。学生课程成绩管

理系统中往往存在这样的问题：是否符合毕业的条件，如何在毕业前针对成绩不合格的课程选择重修，这些都是学生密切关注的问题，但是却并没有形成参考性的分析，并在现有教务管理系统里体现出来，这表明数据结构不完善。目前大部分高职院校采用的课程成绩管理系统，是按“学年制”对学生成绩进行分类筛选的，这种方法仅能呈现按学年度、学生各门功课成绩、学分，以及获得总学分的汇总计算。

每年都有大量的高职院校毕业生准备走出校门，首先必须掌握每个毕业生学习方面的准确数据，然后才能全面审核这些学生毕业成绩数据，审核后生成数据分析报告，学生可以根据相关分析报告，准确掌握自己的学习情况并及时采取相应补救措施。但是目前很多高职院校没有根据现实成绩管理特点选择一项适合的网络技术，没有生成一个统一的、权威的、专业的数据结构供管理人员对现有数据进行归纳、筛选与分析，仅通过“学年制”的分类筛选这些数据工作量是非常大的。

③管理人员业务能力有限，不善于分析、管理较为复杂的数据。从技术角度看，很多高职院校的教学管理人员本身身兼数职，既要当好业务员，又要当好数据分析员，还要当好管理人员，但是他们对信息化敏感度较低，不太精通数据管理技术，不善于对现有教学资源进行分析，不具备去挖掘学生成绩数据中可利用的闲置资源的专业能力，因此，他们在具体工作落实中难免有些不及时、不到位，对学生课程成绩数据分类也存在不清晰、分析不专业等问题，这些是数据长期闲置、不受重视、不能被合理利用的最突出的表现之一。

那么该如何在减轻成绩管理工作人员的劳动强度的同时提高管理效率？加强对行业新兴有关数据处理理论的学习是当务之急，除此之外，还要加快引进新的网络信息技术，以此来改变信息数据结构不合理、资源利用率低下的问题。

（3）学生信息化管理体系不健全，导致信息化管理质量低下。项目管理本身涉及多个部门，工作需要跨越多个组织是项目管理的一个特点，这就决定了它必须有专门的组织机构、专门的负责人、统一的目标，只有这样各部门的协调与合作才能实现。为了完成项目的目标，而由不同部门、不同专业的人员所组成的一个工作组织就是项目管理组织，它不受规模的限制，具有唯一性。可以根据项目管理活动的特点，将项目管理组织分为项目实施领导小组、项目组、质量保证组、培训组。各小组具体分工如下：

①项目实施领导小组。明确整个项目建设的重点和发展目标；审核管理规章

制度；决策项目成本投入；监督项目质量和安全。

②项目组。设项目主管，项目主管负责项目的基础设施建设；负责项目组和各有关部门之间的协调工作；定期向领导小组汇报项目计划的完成情况。

③质量保证组。保证项目安全，及时向项目主管报告质量方面的问题。

④培训组。负责制订培训计划，对参与项目的有关人员进行管理和技术方面的培训。

要想保证项目管理任务的完成，并根本上保证管理的效率和质量，就需要有一个高效、灵活的项目管理组织。项目管理组织的建立便于权力的统一，然而在很多高职院校未见这种分工、责任明确，结构合理，管理有效，信息沟通通畅的项目管理组织。目前大部分高职院校的管理状况如下：

①缺少统一组织领导。目前，很多高职院校设有信息化管理办公室，但是学校的学生信息化管理具体工作却往往交由学校信息网络中心全权承担，管理模式实行的是建设、管理、监管“一肩挑”模式，根据学校的办学需要完成信息化条件下的常规管理是其工作的目标，所以，基于这种单一管理模式下的学生信息化管理，就会使学校在学生信息化管理建设方面处于瓶颈状态。

②网络信息中心既是业务部门又是职能部门。作为业务部门本来只需要做好本职工作，根据学校信息化整体规划，对学校信息化硬件设施及网络信息应用支持和维护负责。但是由于不健全的组织机构，该部门既要负责实施规划，监督进度，还要负责汇报总结以及培训。因为其工作的复杂性、多样性、多变性等特点，也就决定了其统筹规划能力的有限，实际上根本无法达到统揽学校信息化建设全局的高度，这样信息化管理的质量就更加难以保证。

③信息化建设过程中一旦出现问题，一般都由信息网络中心直接向校领导汇报，领导说行就行，领导说什么时候做、怎么做，就怎么做，这就导致解决方案的提出没有经过专家小组的研讨、论证及评审，就直接交由业务部门来完成，实际上并无权威性且存在着极大风险。高职院校的学生信息化管理工作涉及教务、后勤、财务、人事、科研等多个部门的管理需要，建立一种层次分明、权责明确的管理体系是必由之路，只有这样才能将涉及学生信息化管理各个方面的问题降到最低。高职院校学生管理信息化的成功运行，不仅单方面地需要技术部门的技术支持，还需要联合管理部门、业务部门和学术机构进行共同操作。

（4）学生信息化管理队伍建设滞后，导致信息化管理水平低下。项目团队成员的能力和积极性在很大程度上决定了项目管理的成效。这一特点决定了项目人力资源管理的重要性。实际上对项目成员的管理就是充分发挥项目人员的主观能动性，对项目人员的行为进行规范，对项目人员组合进行优化而采取的措施，使他们尽可能地适应项目发展的需要，这样才能保证最终实现项目目标。高职院校学生信息化管理项目中的人力资源管理可以被理解成——为提高项目管理人员的技术能力、协作能力及思想观念认识而采取的一系列管理措施，使项目管理工作者迅速进入信息化的工作氛围是这样做的主要目的。所以，建设一支具有职业素养、善于学习、富有创新精神的项目管理团队对于提升项目管理整体水平和效率有着巨大的帮助，具体表现如下：

①管理规范。实行分层管理，目标统一，职责清晰；团队成员思想觉悟高，工作能力强，工作效率高。

②管理队伍稳定性较好。团队由一定数量小组成员组成，人员安排符合岗位设置的需要，专业人才配备充足。

③团队职业化。团队成员有良好的职业素养，工作积极，学习能力强，熟练掌握信息处理技术，能应对管理中的风险。

随着学生规模的持续扩张，我国普通高校毕业生逐年增多，这对于高校管理者来说，是一项重要的挑战。虽然大部分高职院校管理人员的整体数量有所提高，但是专业人才仍然配备不足；虽然信息化办公已经实现，但是群体信息化规范管理意识依旧淡薄；虽然各部门配备了兼职的管理人员，但是信息处理能力欠缺，人员流动性大，这就带来了信息化管理整体水平和效率的低下等问题，主要表现在以下几个方面：

①人员配备不足，管理不规范。很多高职院校自己开发和管理学校的教学网站、学工网站等大型网站，从事信息化管理工作的部门有学校信息化管理办公室、网络信息中心和机房，但是这三个部门分属不同的校领导主管，除网络信息中心管理人员为计算机专业人员外，其他部门信息化管理工作人员都由本部门工作人员兼任。

②队伍稳定性差。专业技术人员由于经费、编制等问题往往配备不足，现有岗位的管理人员工作积极性不高，管理人员流动性比较大，专业人才引进很难，而如果继续沿用原来的工作人员，由于身兼数职，计算机专业知识匮乏，缺乏专

门的培训等众多问题，往往工作效率不仅没有提高，反而造成很多不必要的困扰。

③管理队伍职业化程度较低。还有的高职院校信息化管理工作专干都由辅导员担任。这就造成了辅导员不仅要负责管理学生的日常事务，还同时担负着系部或学校大量的行政和后勤服务等事务性工作，如学生资助、学生团日活动、心理辅导、时事政治学习辅导等，因为绝大部分辅导员都疲于应对事务性工作，所以很少有闲暇时间和精力用来关注信息化管理方面知识的学习。再者辅导员的年龄结构和知识层次往往各不相同，对学生信息化管理工作的必要性认识并不统一，管理人员在信息处理和信息利用方面的能力欠缺。甚至可能由于对信息系统操作不熟悉、不恰当导致了重复劳动，正是因为如此，才会有人认为采用信息化系统反而会将效率拖慢。

（5）安全防范和预警机制欠缺，导致信息网络安全隐患频发。随着移动互联网蓬勃发展，大数据时代的来临，网络应用增加，提供了更多样式的服务。与此同时，信息系统的安全则受到了严重威胁。如今，各种安全漏洞层出不穷，屡见不鲜。这些威胁主要包括病毒感染、黑客入侵、恶意代码攻击等，像是蠕虫、钓鱼网站、木马病毒等手段花样百出，天天更新，让我们大为苦恼，网络安全变得越来越重要。

导致信息网络安全隐患主要集中表现在以下几个方面：

①管理风险。项目的决策者缺乏项目管理的安全防范意识，对项目实施的状态缺少监控，对项目实施的结果缺少考核。

②人为风险。应对风险的能力不足、经验不够，个人习惯差、作风不严谨。

③技术风险。软件工具不能及时升级，技术落后，不善于运用新技术。网络提供的服务更加多样化，服务对象也呈现出多元化，学生信息化管理系统安全管理问题也日渐突出，各种新的网络攻击手段防不胜防。学生信息化管理遭遇了前所未有的风险，管理质量受到了严重威胁。

鉴于以上情况，很多高职院校很可能会出现网络安全风险：

①例如，有一些网络黑客可以利用自己的信息技术，从学校的内部官网中窃取相关的照片信息，这很可能使得一些同学尤其是女同学的个人信息被泄露。

②少数学生可能利用教学平台交流互动系统散播一些商品的广告和不良信息，这很可能会导致舆情风险。

③利用网络扫描、远程控制、网络入侵等黑客工具，非法侵入学校网站后

台，获取管理员权限。其中部分网站源文件代码被删改，导致被删改源文件代码的网站无法访问。

第二节　高职院校信息化管理工作探索

一、高职院校信息化管理工作的现实意义

学生信息化管理是高职院校深化教学改革、培养技能型服务人才，运用先进网络技术手段，强化基础建设的重要途径。高职院校要力争建立一支专业性强的、特色化的管理人才队伍，从而构造一个完善的、科学的管理体系。因此，促进高职院校信息化管理工作具有以下重要的现实意义：

（1）构建完善的高职院校学生信息化管理是社会信息化拓展的必然要求。人们传统的生活方式被信息化工具的问世所颠覆，将以前只可以经过报纸、杂志、电视、电影这些方式传播的媒体信息通过网络媒体的方式来展现，无论是信息传送的速度，还是信息的保存能力都远超过计划经济时代。在这个信息化的社会环境中，高职院校只有逐渐改变以前的管理方式，才可以紧跟信息时代发展的步伐。信息技术的应用，不仅向学生提供了智慧学习空间，还向管理者提供了广阔的教学与管理资源，从而打造了交互式管理模式，成为学校提高办学质量的助推器。

（2）建立健全高职院校学生信息化管理是高职院校内在发展规律的要求。如今数字化、网络化办公已经逐步地走入大家的日常生活，高职院校数字化建设进程逐渐加快，对于这种截然不同模式的到来，高职院校师生也需要进行相应的思想解放。学生管理工作是现今高职院校寻找拓展的基石，运用网络信息技术进行学生信息化管理，可以事半功倍。随着信息技术的日新月异，学生管理价值观也将随之发生改变，即从以网络、软件等硬件设备为中心，转移到以学生的根本需求为导向的现代化的管理流程。学生信息管理不只是信息的网络化，即单纯地将信息上传至网络，而是在学生管理工作当中融入信息的概念，从而实现学生自我约束、自我发展的过程，为学生管理模式的变革保驾护航。

二、推进高职院校信息化管理工作的策略

高职院校学生信息化管理的工作重点是优化运维模式。其发展目标应是以学生信息管理系统为中心，不断优化内外部环境，大胆引进先进科学技术，提升专业管理能力，改革传统机制，以充分发挥学生信息管理系统的预期效果。根据上述推进高职院校信息化管理工作的策略进行优化，构建如图 6-1 所示的“五位一体”学生信息化管理项目结构模型。

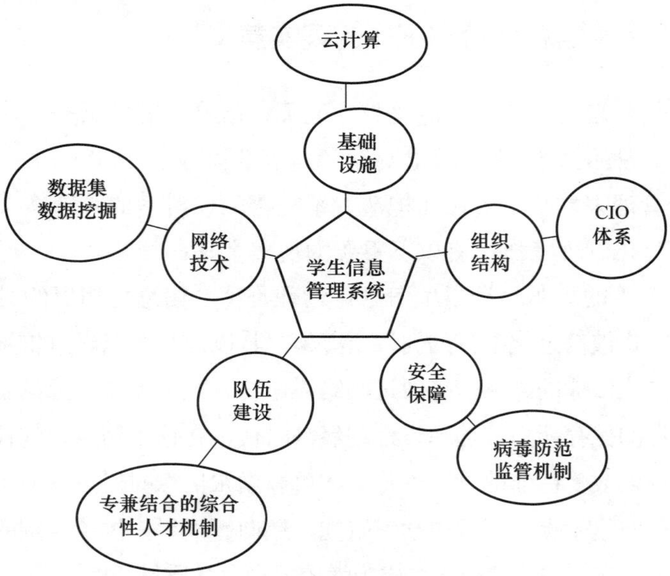

图 6-1　学生信息化管理项目结构模型

1．改善信息化管理基础设施建设，促进信息资源优化与共享

随着计算机技术的飞速发展，项目管理技术的现代化进程也在加速。信息化技术在项目管理中的应用越来越受到重视。信息化项目管理是项目管理质量的决定性因素。信息化的项目管理必须以基础设施的建设为平台，这是项目管理技术的关键。项目信息化管理基础设施一般应具有以下优势：

（1）容量大，可同时容纳项目各组织内部的固定数据资源和在管理过程中产生的新生资源。

（2）安全性能好，数据资源保密性高。

（3）操作简便，界面直观、人性化，容易上手操作使用，对管理者专业化程度要求不高。

（4）投入成本低，利用率高，不易被淘汰，硬件设备折损率低。

（5）可与其他管理系统兼容，系统间的数据可以对接，实现高度的统一。

（6）不受时间空间限制，办公“自由”。

（7）实现了项目管理的网络化和虚拟化，数据和信息的实时动态管理。

基于现代化项目管理对信息基础设施的要求，为了解决目前高职院校在基础设施项目建设上资金投入大、运维成本高、发展缓慢、数据孤立、资源不能优化共享、系统利用率低等问题，在高职院校学生信息化管理基础设施建设中建议启用云计算模式。

（1）启用云计算模式，实现信息资源优化与共享。业界人士通常把提供资源的网络称之为云。云计算（英文全名为 Cloud computing），是一种以网络平台为基础的应用模式，它利用先进的网络技术，按照需求用方便的方法来获得计算机资源。云计算是实现资源动态配置的一种形式，它的出现成功地将软件应用及应用配置之间的差距衔接起来。云模式和传统的管理模式存在一定的差异，见表 6–1。

表 6–1　云模式和传统管理模式的差异

模式	传统模式	云计算模式
项目投入	投入大，发展缓慢，运维成本高	租用平台，一次定位
管理人员	对专业化要求比较高	无
系统维护	难度大，情况多变	服务商专业维护
数据利用	数据孤立，资源难共享	数据结构合理，资源互通
安全性能	较差	很强
前景	利用率低，易被闲置	智慧校园管理模式

①云计算的主要工作手段是通过多方租赁的方法将所有可用的数据集合整理到一个公共资源平台上，以实现资源共享的途径。

②云计算具备很强的实用性和开放性。云计算的最终目的就是给用户带来弹性服务，使用户得以最快地找到相关文件。

③云计算的安全性很高。云数据的相关数据最终一般是保存在云端服务器中，而不是保留在PC中，因此即使没有支持性的物理条件，也不用担心数据安全。同时，云计算的工作进度随修订的形式进行动态储存，因此，无论是距离多远、是否是同一设备，只要账户在，就能快速地实现登陆和工作。另外，还有专业的工作人员对云数据的服务器端进行定期检修，所以，用户完全不需要担心其数据的安全性。

（2）云计算模式在学生信息化管理中的应用优势。

①云计算模式应用在学生信息化管理中能够有效地减少信息管理成本。全面应用云计算技术，将可以减少高职院校在硬件方面和软件升级、维护方面的资金投入。

②云计算模式应用在学生信息化管理中有利于合理配置既有资源。如今，包括计算机设备、平板、智能手机在内的终端都可以实现访问网络的功能。在计算机网络时代，高职院校可以将所有的教学与管理资源存储在云服务器上，如同组建了一个移动的图书馆。这个移动的图书馆有助于提升高职院校的信息化管理水平。

云计算模式在学生信息化管理中的应用为高职院校教学与管理资源的合理分配、实现统一化的管理和提供高效率、高安全性的服务提供了保障。

③云计算模式应用在学生信息化管理中有利于实现管理同步。对于管理人员来说，这就是一个巨大的虚拟资源库，管理人员将相关的资料上传到资源库中，那么使用者就能便捷地从网络资源库中下载。如此，便拓展了一种新的学校资源流动形式。另外，管理人员也可以不受时间和空间限制，更好地对学生进行实时管理。

不仅是学校，而且学生也受到了惠益。云计算有利于学生便捷地获取各项学习资源，使学生在任何时间、任何地点都能学习，真正实现“3A”（“3A”是Anywhere、Anytime、Any-terminal三个单词的缩写）的目标。

2．改进学生信息化管理网络技术的运用，提高数据资源的利用率

随着高等职业教育的改革，高职院校的招生人数不断增加。高职院校中的学生信息化管理数据呈现几何级数增长。学校教学、财务、人事、招生、后勤等部门数据是每个高职院校都具备的，其中隐含了一些十分重要的关联信息。

由于管理体制的不健全、专业人才缺乏，高职院校各个部门的数据常常为管理者忽视，造成大量有效数据的长期闲置和浪费，使得信息化的管理工作纯粹成为按部就班的流水作业和电子“记账本”。这不仅严重耗费了高职院校紧缺的资源，还影响了正常的教学和管理质量的提升。

（1）商务智能技术在学生信息化管理中的应用优势。许多高职院校的信息中心建设时间较早，但是设备陈旧、技术落后。其发展现状与现实需要产生了巨大的差距。这就需要利用先进的网络信息技术从这些数据中发现挖掘出隐含的信息，把系统内的信息资源集合起来，实现数据资源的再利用和数据结构的优化组合，进而为学生具体事务的管理提供决策支持。

以高职院校的教务管理信息系统为例，教务管理是高职院校信息化管理的主要阵地之一，其涉及范围广，涉及人员众多。我国的教学体制在不断地革新。伴随着学分制和选课制度的大力实施，教务部门中的信息管理者的工作量越来越大，工作内容日益烦琐。教务部门每天都要处理大量的数据，这些数据有的源于教师，有的源于学生。数据之间存在紧密的联系，但这种联系却往往被使用者忽视，也被管理者忽视，从而导致重复数据增多、有效信息被淹没。这就需要对原有的数据资源进行优化和再利用。商务智能技术的应用恰好迎合了高职院校在这方面的需要。

从应用出发，商务智能是指企业为了提高决策和运营水平而采取的方式、使用的技术和相关软件的总称。商务智能具有很强的数据分析和处理能力。商务智能在高职院校学生信息化管理中的应用对于解决数据资源使用的有效性问题、辅助管理决策具有很大的帮助。

商务智能具有以下基本技术：

①数据仓库（Data Warehouse）和数据集市（Data Mart）。全面应用商务智能最重要的就是需要企业内部数据支撑，这就涉及数据仓库和数据集市技术。数据仓库就像一个巨大的集装箱，将业务系统中的内部数据、外部数据以及遗留数据全部收集起来，然后对数据进行抽取和转换并用相同的方法存储起数据集合，并组织数据使其形成数据模型。现在较为常用的模型主要是星型模式和雪花模式。在高职院校的课程成绩管理系统中可以使用这一技术。

②数据挖掘（Data Mining）。数据挖掘就是根据一定的规则，采集数据库中的数据，并对数据进行挖掘，然后进一步分析，找出数据中存在的模式和规

则。在实际使用的时候，模式和规则可以分成聚类算法（Clustering）、回归算法（Regression）、决策树（Decision Trees）、关联算法等。

（2）建立多维数据集，优化学生信息数据结构。在数据库中提取需要分析的信息并进行重组和深度挖掘，这样可以使学校的信息管理有数据做支持依据，从而更严谨、更有条理地进行工作。另外，利用现有的数据挖掘工具，可以客观体现出教学系统存在的缺陷，使学校能科学规划教学和进行教学决策。

提出智能方案最重要的两个方面包括功能的确定性和建设数据仓库。在建设数据仓库时，需要确定数据库的主体，并选择出数据库的模型。选择星型模式和雪花模式都需要先确定事实表和维度表。在实际使用中，星型模式使用的频率较高。完成这两个工作之后，才能开始考虑数据的出处、ETL、分析的方式、挖掘的规则、数据使用的算法、数据的展示等。针对这些工作，各个软件商纷纷提出不同的解决方案。

3．建立高效的CIO学生信息化管理体系，提高信息化管理质量

（1）项目人力资源管理体系构架。为了实现项目的目标、保证项目的管理质量，除加强项目基础设施建设、提高项目管理人员的技术能力、对项目团队的建设进行管理外，管理人员的选聘和项目的组织建设同等重要。

管理人员的选聘和项目的组织建设需要确定科学的人力资源管理体系构架。确定科学的人力资源管理体系构架的目的是在统一项目目标、任务的基础上，对项目中的所有人员进行有效的协调、控制和管理，使项目中的所有人员能与项目领导小组紧密配合。

在项目实施过程中，项目小组各成员的分工如下：

①高层项目负责人：主要负责项目顶层设计，提出项目总体规划；在项目实施过程中，应协调各业务部门或人员，关注项目进度；进行统筹管理和紧急情况应对，及时做出决策。

②项目小组负责人（项目经理）：是项目团队的领导者，负责管理项目资源，在项目计划、组织和控制活动中做好沟通、协调和服务工作；其职责是在预算范围内按时优质地领导项目小组完成全部项目工作内容，组织人员培训等。

③项目小组成员：在项目经理的领导下按照分工，发挥各自的职能和优势进行施工，就项目专家提出的咨询建议进行讨论并提出反馈意见，在咨询顾问的指

导下参与分析数据的整理等。

（2）CIO 学生信息化管理体系构架。项目管理的核心是项目管理的组织管理体系的建立，这个体系按照职权范围被划分为三个层次——战略决策层（领导）、管理层（项目经理）和操作层（管理人员）。在学生管理信息化项目建设中，根据不同的功能和服务需求，建立管理体系构架的设定目标也不同。具体可以划分为三个层次，即战略规划（负责信息系统）、管理控制与操作处理（负责信息库及应用系统）和不同层次的管理人员（负责简单的事务处理）。

在高职院校信息化管理中，最关键的一环就是落实责任制，即确定项目管理负责人，也就是所说的 CIO（Chief Information Officer，首席信息官）。在项目实施过程中，CIO 负责组织、分析，项目成员在 CIO 的指导下组织资源、控制质量并协调落实，直到项目目标实现。

1980 年前后，美国高校面临着转型的重要时机。学生资源稀缺，教师团队严重不合格，各方面的竞争让高校不得不提高自身的运行效率来应对这一严峻的挑战，最终高校决定使用信息化技术来解决这一难题。因此，CIO 在美国高校中迅速发展。实际上，CIO 是一个专业化的管理岗位，而不是技术上的专业者。这些高校一般聘用的 CIO 多数都是从事教育的非计算机专业人才。

①作为学校信息管理工作的重要决断人，信息化领导小组是学校信息化建设最重要的部分。很多大型决策都必须要经过信息化领导小组的讨论才能进行实施。信息化领导小组的负责人（校长或书记）担任组长，CIO 担任常务副组长，教务、人事、学工、财务、后勤等职能部门主要负责人为小组成员。

②为了让决策更加科学，学校可以设置特别的信息化专家咨询小组，招纳一些专业的信息化技术人员。

③信息化领导小组设置办公单位，直接负责 CIO 下属工作的开展。每个部门配备一些基础的工作人员，以满足简单工作的要求。这对于维护网络信息化安全性以及维护基础设备的完整性有十分重要的意义。

4．强化队伍建设，提升学生信息化管理水平

项目管理团队是一个能够有效推动项目、保证项目质量的成员组织。这个组织有共同的项目目标、有相似的技能和良好的沟通氛围。项目管理团队的建设包括团队凝聚力、合作意识、专业技术能力和竞争力的培养等具体的工作。所以进行项目管理团队建设一般从以下几个方面着手：

（1）组织规划：是提高团队整体服务意识和战斗力的活动，旨在统一团队的思想和规则，以激发成员的自我约束与自我管理意识。

（2）管理体制：保障人员配备合理的、规范化的管理体制，保证有一支稳定的专业队伍。

（3）培训机制：培训项目成员管理技巧和业务技术能力，旨在营造良好的工作氛围。

高效的学生信息化管理需要精通计算机操作知识、熟悉信息化发展的一线技术人员做保障。一方面，他们可以进行实时监控与维护，解决可能会导致系统停止运行的各种问题，例如系统有漏洞、木马或者病毒攻击等；另一方面，他们可以快速地、及时地更新、传递、共享与开发。

高职院校在引入信息化管理理念的同时，要注重引进高素质专业管理人才。构建一支高水准的信息化管理工作队伍是增强学生管理、实现人才训练计划的根本保障。所以在队伍建设方面，应努力做到以下几个方面：

（1）管理人员应统一思想认识，具备与其岗位相匹配的业务能力。这支队伍中的成员不仅应当具有较深厚的学生管理理论基础和项目管理的一般常识，还需要具备新形势下学生管理工作的使命感与主人翁意识。管理人员不应只具备日常的高职院校学生管理工作经验，还要十分熟悉网络技术与软件研发技术，如此才能在运用信息化系统展开学生管理的同时，对于从服务方面增强信息化系统的再次完善提出相应的建议。

（2）管理人员分工要细致、管理要严明，以确保队伍的稳定性。要建立一套适合高职院校发展特点的学生信息管理系统，做到岗位设置合理、职责明确。同时，管理者自身要坚定不移地支持学校信息化建设的路线和长远规划，加强对信息化管理的认识，坚定信念，在思想上跟上学校发展的步伐。另外，要培养学生自觉利用信息管理平台的良好习惯，变被动为主动，变不习惯为适应，再向习惯转变。

（3）要建立培训机制，营造团结向上的学习氛围。首先依照团队成员的素质、层次特征，进行交叉组合训练，让具备丰富学生管理信息化经验的技能人员训练新的学生管理一线工作者。其次要积极开展如讲座、报告会、群体辅导等形式丰富的培训，来增强信息化概念的训练。此外，还可以邀请计算机网络、软件基础等理论知识丰富的学者与教师，针对信息化产品的使用进行培训和辅导。信息化的能力并不是要求每一位管理工作者都会编程或制作网页，而是要帮助他们提高信息处理的能力，具备熟练操控管理系统的能力，以此来辅助日常的学生管理工作。

5．健全安全防范和预警机制，降低信息网络安全隐患

项目的风险主要来自三个方面——项目管理过程中产生的自然风险、技术应用过程中产生的不可预知的风险和人为的习惯造成的可管理型风险。要合理有效地控制风险、减少损失，保证项目工期与质量，应当建立项目风险管理策略。

（1）项目的管理者要有风险识别能力，要了解风险发生的规律，制定相关风险管理制度对管理人员和管理过程施行有效的监督。

（2）项目组要善于引进现代化的信息管理技术，对项目管理全范围进行风险报警预测，形成预测报告，对各类风险提前做好规划。

（3）项目组负责人要熟练掌握管理技术，要有随时应对风险的能力，对项目进行全过程风险控制；要处理好风险管理与项目管理其他过程的关系。

(4)项目组成员要规范自己的行为，在思想上、行动上与项目组织成员保持一致。

由于参与的人员多，涉及的范围广，网络化、信息化的建设项目与企业或行业的项目管理活动一样带有风险，例如由于系统的不稳定性造成的自然风险、操作不当引起的人为风险。

网络是把双刃剑，由于校园网具有覆盖面大、用户数量多、类型复杂等特点，其隐含的安全问题一直被人们认为是信息化管理的头号大敌。因此，项目管理者需要在技术层面识别项目风险，并进行判断和风险管理。在具体实施过程中，依赖单一的手段并不能保证校园信息网络的绝对安全，只有通过多角度、多层面防护，才能构建相对安全的体系。

另外，由于病毒的种类繁多、破坏性极强，被复制后的传播速度极为惊人，想要控制风险带来的威胁和伤害，健全安全防范体系势在必行。

（1）领导要高度重视、增强防范意识，要建立网络信息安全管理责任制，将责任包干到人，加大问责问效力度，对于网络安全管理中出现的不严不实、不规范问题，要做到有责必问，问责必严。

（2）建设信息安全工作专业人才队伍，为保证规范管理，管理人员要持证上岗，同时管理人员要规范自己的操作习惯，减少病毒因个人行为入侵的机会。

（3）按照“全面布控，重点拦截”的原则，建立病毒入侵检测系统。病毒入侵检测系统好比是一幢大楼里的监视器和报警器。一旦有可疑人员进入大楼，或有可疑人员行动，监控系统会第一时间发出警报信号，所以，病毒入侵检测系统的建立可用于抵御各种攻击企图和攻击行为，以保证系统资源的机密性、完整性和可靠性。

（4）要及时升级系统，及时更新各种系统补丁，增强网络自身的免疫能力。信息化管理是社会发展的产物。日新月异的时代及学生行为的变化，其中尤其是信息技术的发展和运用使得高职院校的学生管理工作面临着新的机遇，同时，也面临着更加严峻的挑战。借助如今的信息技术，高职院校的学生管理工作更加便利。学生管理信息化最终目标就是要实现学院教学与管理活动的运行自动化、管理网络化、决策智能化。

6．明确学校信息标准规范的制定思路，制定高职院校信息化建设的统一标准

信息标准规范就是为学校信息化建设制定的一个统一信息编码规格说明书。这个说明书主要包含着高职院校管理信息系统的各类信息代码集规范，对应用系统之间需要的交换内容和接口方式进行了细致严谨的定义，对应用系统之间的数据交换模型进行了精心的设计。

国内的专家早在多年前，就曾经提到高等学校管理信息标准代码标准集下分4个代码子集，分别是GB国家标准代码，如中华人民共和国行政区划代码；JB教育部标准代码，如高等学校和科研机构代码；HB高教行业标准代码，如毕业生去向代码；XB学校标准代码，如课程编号等。

目前，教育部已经正式发布了《教育管理信息化标准》，其中包括2012年3月15日发布的《教育管理信息　普通中小学校》（JY/T 1004—2012）、《教育管理信息　教育管理基础代码》（JY/T 1001—2012）、《教育管理信息　高等学校》（JY/T 1006—2012）、《教育管理信息　基础》（JY/T 1002—2012）、《教育管理信息　中职学校》（JY/T 1005—2012）、《教育管理信息　行政》（JY/T 1003—2012）和《教育管理信息　统计》（JY/T 1007—2012）七个教育行业标准。各个高职院校在国家、教育部、行业标准的基础上，建立适合本校信息系统平台建设的信息标准代码体系，即学校的标准代码体系。

高职院校信息化建设的专门人员需要根据学校各部门的具体业务需求，遵循现有国家、教育部、行业标准的基本框架与内容，有的放矢地制定符合学校实际业务情况的信息标准规范。制定学校的信息标准规范应该遵循继承性、创新性、前瞻性、统一性、系统性等建设原则，不要受到原有校内标准的影响和束缚，也不要空中楼阁毫无根据，要合理地增加一些目前尚未用到但今后可能需要的标准内容，以适应信息化的长远可持续发展的要求。

以专业代码为例，教育部于 2015 年 10 月 26 日颁布《普通高等学校高等职业教育（专科）专业目录（2015 年）》，将原有版本的专业代码废止。由于历史数据至今仍然存储在学校的应用系统中，无法抹掉这些废止的专业代码，所以在制定学校的标准代码时，应该在保留废止的专业代码的基础上，重新考虑未来可能出现新的专业目录。为了满足信息化应用系统的建设需要，除教育部颁布的 6 ～ 7 位专业代码外，高职院校的专业代码还需要设计具有细分专业特性的专业方向代码与具有时间特性的年度专业代码。

教务类标准数据代码设计思路如图 6-2 所示。

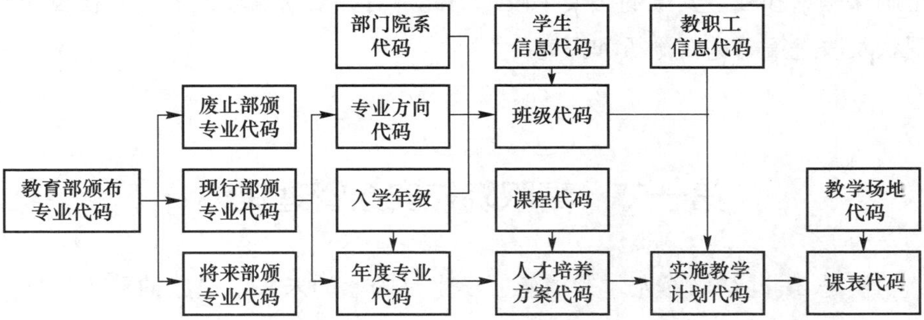

图 6-2　教务类标准数据代码设计思路

学校的信息标准规范具备自身的体系结构，它的建立和实施对于高职院校的信息化建设具有重要的指导和促进作用，高职院校应不断地丰富和完善这些标准规范。制定信息标准规范必须深入研究各业务部门的工作特点，根据要求采用循序渐进、持续改进的管理模式，建立类似于 CMMI（能力成熟度模型）的文件化管理体系，长期且定期进行体系所要求的“计划、执行、检查、处理”管理活动，使得高职院校的信息化建设在循环往复中螺旋上升。

第七章　高职院校安全管理研究与实践

我国的高等教育正朝着大众化、普及化的趋势发展。急剧扩张的学校规模和剧增的学生数量促进学校办学主体和办学层次走向多元，但也造成了学生生源质量和学生素质的巨大差异性。中高职院校先后多次扩招，高职院校的学生数量与日俱增，但是相应的配套设施的更新速度并没有跟上高职院校扩张的步伐，办学条件、教学和生活设施、安全管理体系也较为落后，高职院校的安全教育也没有得到良好的开展。

在高职院校开展学生安全教育，不仅是高职院校学生自身发展的内在需求，还是确保国家和社会安全的必要手段。因此，有必要对高职院校学生在校安全管理现状及改进策略进行分析和探究。

第一节　高职院校安全管理概述

学校是21世纪培养人才的摇篮。学生是国家的未来，民族的希望。学校安全工作是整个社会保障工作的重要组成部分。学校安全工作关系到学生的方方面面，直接关系到广大青少年能否安全健康成长，关系到千家万户的幸福安宁和社会稳定。

高职院校只有保障在校学生的安全，才会促进学生各方面能力的全面发展，才能保证学校的持续、健康运转。因此，高职院校必须更加重视在校学生的安全管理，建立安全教育管理长效机制，及时创新安全教育管理手段，强化和规范安全管理的内容，消除安全隐患，努力构建平安校园。

一、高职院校安全管理工作的内容

1．高职院校安全管理工作的内涵

（1）校园安全。安全是指在人类生产过程中，系统的运行状态对人的生命、财产和环境可能产生的损害控制在人的可接受水平以下的状态。

校园安全有广义和狭义之分。广义上的校园安全是指包括学生、教师、管理人员在内的校园主体没有受到威胁、伤害、损失，校园中的设施没有发生损坏；狭义上的校园安全仅仅局限于学生主体，特指学生个人在学习、生活中在人身安全、财产安全、心理健康等方面没有遭受威胁和伤害、没有遭遇事故和损失。高职院校学生的在校安全主要包括人身安全、财产安全、心理安全和网络安全。

（2）高职院校安全管理。学校管理是指学校管理者带领教职工，运用多种方式、采取多种措施，充分利用学校内外部的资源，对与师生利益相关的一切工作进行组织。高职院校管理由管理者、管理手段和管理对象三个基本因素组成。校长、各院系的负责人和教职工是高职院校的安全管理者，学校的规章制度、奖惩激励和管理队伍建设等是高职院校的管理手段，校园中包括学生、教师和职工在内的主体所涉及的一切活动都是管理对象。

高职院校安全管理是高职院校管理的重要组成部分，是学校管理一切工作的安全保障。高职院校安全管理是高职院校的管理者充分利用既有的资源，通过采取一系列措施、运用一定的方法来消除安全隐患、控制和减少安全事故的发生、最大限度地降低安全事故带来的危害，以保障师生安全、维护校园稳定。

2．高职院校安全事故的类型

根据研究角度的不同，高职院校的安全事故具有很多不同的分类。

（1）根据事故的法律性质划分，高职院校的安全事故可以分为刑事案件、治安案件和民事纠纷。

（2）根据事故发生的地点划分，高职院校的安全事故可以分为校外事故和校内事故。

（3）根据学校对事故所承担责任的多少划分，高职院校的安全事故可以分为学校无责任事故、学校直接责任事故和学校连带责任事故等。

（4）根据事故的具体内容划分，高职院校的安全事故大致可以分为消防安全事故、财产安全事故、网络安全事故、实习实训安全事故、心理安全事故和自然灾害。根据事故的具体内容分类是最为常见的高职院校安全事故分类方法。

①消防安全事故。我国高职院校数量多、人员密集、致灾因素复杂，一直是消防安全的重点管理对象。近年来，随着高职院校招生规模的不断扩大，高校的消防安全防范工作更是面临着严峻挑战。高校火灾频发，对师生的人身、财产安全构成极大威胁。高校内发生的消防安全事故除了造成教学楼、实验室、宿舍等基础设施被烧毁，大都还造成了人员的伤亡。血的教训为我们敲响了高职院校消防工作的警钟。

在高职院校里，火灾的安全隐患不容忽视。违章使用电吹风、热得快、电热毯等大功率电器，违规私拉电线，使用劣质充电宝造成线路短路或漏电，宿舍内吸烟引起火灾等都属于消防安全事故。

②财产安全事故。由于高职院校学生心理不成熟、思想较为单纯，缺乏社会经验、安全防范意识薄弱，因此财产安全事故频发，其中尤以财产被盗事件发生频率较高。偷盗财产是一种为师生深恶痛绝的违法犯罪行为。

高职院校的财产安全事故高发地主要为重点实验室、学生宿舍、图书馆、食堂、操场。学生宿舍的密集度高，外部人员易于乔装打扮进入宿舍偷盗学生的手机、笔记本、钱包等贵重物品。近几年很多高职院校采用一卡通等安全门禁设备，外盗比例下降，但内盗比例增加，熟人作案情况较多。由于下课时间比较集中，同学去食堂窗口排队前常常将书包放在座位上占座，无人看管的书包常常会被偷窃。

③网络安全事故。从分布时间来看，高考期间、每一学年的开学和期末都是校园网络安全事件的高发期。网络安全事故的内容已随着时代的发展发生了变化，不再是网络技术方面的事故，而是变为学生受网络信息的影响，对自身或他人造成生理或心理伤害的事故。一类是对自己造成的伤害，以网络被骗、突发疾病、自杀等事故为主；另一类是危及他人及社会的网络安全事故，主要包括由于网上不良信息影响，引发的各种违法犯罪，如抢劫、抢

夺、盗窃、杀人等。随着网络时代的迅猛发展，高职院校网络安全事故逐年增加，对学生及家庭带来的危害是巨大的。

④实习实训安全事故。实习实训安全事故是指学生在实习实训过程中，由于自身经验不足、安全意识淡薄及学校在实习实训上的管理不善等原因导致学生受到伤害的事故。每年都有不少高职院校的学生到有关单位参加假期实习、金工实习，实习生在实习时遭遇人身伤害事故的案件不时发生。实习实训安全不仅要保证教学任务的圆满完成，而且必须确保学生不受伤害。所以，要采用多样的形式、充实的内容，来提高实习实训中的安全教育质量，提高学生安全意识，确保学生免遭伤害。

⑤心理安全事故。随着市场经济进一步发展，社会竞争日趋激烈，给人们尤其是青少年带来较大的心理压力。由学生心理问题引发的安全事故逐年增加。校园冷暴力是心理安全事故的主要类型。“校园冷暴力”主要是指师生或同学之间的非肢体侵犯行为，如歧视、嘲笑、羞辱、冷漠、孤立和疏远，往往会造成受害者的心理创伤，一般由学生疾病、贫困、成绩差、人际关系经营不善等异常情况引发。校园冷暴力事件中，施暴方常常以孤立、疏远、轻视等形式激发矛盾，受暴方的心理通常会由于受到长期的负面影响出现异常，严重情况下会导致抑郁甚至是自杀、凶杀等极端情况。由于冷暴力的发生不明显且潜伏时间长，不易被教师发现，因此往往不能得到及时处理，极易给受暴学生造成巨大的心理创伤，受暴学生往往需要用较长时间的治疗才能逐渐摆脱心理阴影。

消防安全事故、财产安全事故、网络安全事故、实习实训安全事故、心理安全事故是高职院校常见的安全事故类型。其中，消防安全事故和财产安全事故是多年来高职院校一直存在的类型，网络安全事故、实习实训安全事故及心理安全事故是近年来高职院校中发生频率逐年增高且被高职院校高度重视的安全事故类型。

3．高职院校安全管理的特点

（1）高职院校安全管理人员的特殊性。在高职院校安全管理中，除安全工作处和学生工作处等负责安全工作的相关员工外，学生辅导员和实习实训课的教师在安全管理工作中发挥着举足轻重的作用。

辅导员在高职院校安全管理工作中具有重要作用。辅导员是与学生接触最多的人，辅导员需要关心、关注学生的日常生活状况、学习状况、心理状况等学生生活的方方面面。辅导员的主要工作内容是对学生进行日常安全教育，及时处理学生安全事故。但是目前高职院校中的辅导员大部分来源于行政人员和专业课教师，而专职辅导员的人数较少。因此，目前高校中的辅导员除了其日常工作外，还需同时完成行政工作或授课任务。另外，高职院校中的辅导员工作大都由新进的年轻教师担任，由于经验不足、精力被纷杂的事务分散，辅导员的工作效果大打折扣，高职院校的安全管理工作也受到极大的影响。

实习实训课教师在安全管理中的重要性不言而喻。不同于其他高等院校，培养专业技能型人才是高职院校的目标，实习实训课教师不仅肩负着教书育人的重要使命，还需要保证学生在学习专业技能时的安全。在通常情况下，每个学期高职院校都会安排实训课程培养学生的实践操作能力，并在学生毕业前的最后一个学年安排学生到企业顶岗实习。学生在顶岗实习和实训过程中的安全教育和管理工作就落在实习实训课教师身上。

（2）高职院校安全管理对象的特殊性。高职学生较其他高等院校的学生相比，生源类型多样化，包括普高统招生源、普高单招生源、五年一贯生源、三校生单招生源等。不同生源类型的学生有不同的特点，他们在基本道德品质、社交能力、团队意识和就业观、学习目的、学习兴趣、学习态度、学习动力、学习能力、学习方法、学习习惯和基础知识乃至体质和健康状态等方面存在巨大的差异性。

（3）高职院校安全管理具有复杂性。由于高考的扩招，高职院校的生源类型日趋多样化。学生素质参差不齐、心理状况变化多样和复杂的校外环境等负面因素的加成，使得高职院校安全管理工作具有极大的复杂性。

面对不同生源类型的学生，管理人员在处理安全事故过程中应当因人而异，运用不同的管理方法和手段，科学、专业地处理安全事故。同时，随着高职院校和企业之间的校企合作不断增多，学生在实习中出现的安全事故的处理往往涉及企业、学校、学生三方利益，利益关系勾连加大了校园安全管理的复杂性。由此，高职院校必须建立一支专业的安全管理队伍，运用科学、专业、合理的方式方法处理复杂多变的突发状况。

二、高职院校安全管理工作的重要性

对每一所学校来说，没有哪一项工作会比安全管理更为重要，高职院校也是如此。论影响，没有哪一项工作失误所造成的后果能够超过安全事故。常说“安全工作，责任重于泰山”，又说“安全事故实行一票否决制”“谁出了安全事故，就要让他摘帽子，掏票子，当孝子，戴铐子”……这种种名言警句，大都耳熟能详，在日常工作和生活中常常挂在嘴边。初听即觉压力倍增，细想更如芒刺在背。

目前，我国校园安全管理正面临着前所未有的困难，面临着来自社会、家长、上级以及教师内部方方面面的问题和矛盾。归结起来，主要有以下几个方面：

父母家庭教育与监管的严重缺失，老一辈的溺爱和一味地顺从，致使学生心理脆弱，行为失当，没有认识到自己一些不当行为后果的严重性。

社会教育对学生的负面影响严重，“网瘾少年”随处可见，校园贷、诈骗勒索等社会上的安全隐患潜滋暗长，学生又正处在身心向成年人过渡的时期，难以靠自己判断是非，保证自己的安全。仅凭学校教育的独力支撑，也是远远不够的。

校园周边环境的不良影响客观存在，学生路途安全管理难度很大。尤其紧靠公路的学校，门前车辆过往频繁，红绿灯设置不合理，车辆超载超速严重，没有配备人行横道等问题层出不穷，学校即使想尽办法，也难保不出交通事故。

学校、家庭、社会教育不够协调一致。尤其是在当今社会，教育书籍和教育心理学不再是教师与学校的专利，很多家长自认为很懂教育，他们的家庭教育与学校的教育存在目标不一、方式各异等矛盾，这种矛盾反映在学生身上就会混乱。另外，不同家庭之间的教育也不同，学生的观念不同，也会导致学生之间易产生分歧，打架时有发生。

现在的独生子女磨炼较少，动手能力和生活自理能力较弱，从小一帆风顺，心理承受能力不够强大，安全意识相对淡薄，自护自救能力不足，加之学校相关训练不到位，安全教育的实效性、针对性不强。

个别学校及教师法制意识不强，体罚、辱骂、赶学生出教室等现象仍时有发生，学生在学校的安全无法得到应有的保证。甚至个别教师干出有违师德的事，易导致安全事故。

个别学校及教师面对突发情况，不能随机应变，缺乏应对经验，表现得麻木不仁或过于惊慌失措。对于一些安全隐患或者问题处置不及时，最终导致事态扩大，后果加重。

学校的一些设备设施由于超期使用，或者更换维修不及时，或安装不规范，或被其他学生错误使用，或者使用不科学，常常发生实验事故或者安全事故。

部分教职工自身对安全的认识不正确，缺乏预见性，很多时候易存在侥幸心理，麻痹大意，在对待安全工作时不够细致或不够深入，从而因为疏忽大意而造成各种各样的安全事故发生，学生的安全缺乏保障。

校内的食品卫生虽然都是由学校统一监控和管理的，基本能够保证质量和卫生安全问题；但校园周边常常会出现一些食品摊贩或者零食小卖部，这些摊贩和小卖部出售的食品缺乏有效的监管，卫生状况堪忧，学生又比较热衷于去购买和品尝，经常会造成学生拉肚子或者胃炎乃至食物中毒的现象发生。

个别学生在节假日有开机动车的现象，他们或私自结伴到较为偏远的江河游泳，或三五成群开车兜风，但由于驾驶经验不够丰富，且缺乏应对突发情况的经验，往往造成不不幸事故的发生。学校虽做过宣传教育，但也防不胜防。

这些矛盾不仅出现在普通高等院校，还出现在高职院校，为学校的安全管理工作提出了考验。因此，充分认识到安全管理的重要性是高职院校安全管理的首要任务。

1．高职院校学生日常生活安全的需要

高职院校的学生是“00后”的青少年，他们大部分都是独生子女，即使不是独生子女，也多是在家长的呵护下成长起来的。他们脱离熟悉的家庭环境后来到陌生的学校，通常在很长一段时间内都难以适应校园生活，并且缺少与教师的沟通交流，不懂如何处理人际关系。而且大多数学生缺乏自我保护意识，因此，发生安全事件的概率大大增加，受到不法分子侵害的可能性也更高。学校应通过各种方法宣传教育，帮助学生提高自我保护能力，将安全教育做到日常化、常态化。高职院校的安全管理工作必须做到位，才能保障学生的日常安全。

2．保障良好学校管理的基础

校园安全管理是学校管理工作的重中之重，更是保障良好学校管理的基础。学校特殊的职责要求学校的发展需要科学专业的管理，良好的学校管理需要以安全管理作为基本的支持和保障。校园安全管理得好，师生的安全才有保证，校园才能安全和谐。学校管理涉及的内容很多，但凡和学生、教师、职工等校园主体有关的工作，大到学校的发展规划，小到学生的课程规划，都离不开安全管理做保障，都需要学校运用多种方法和手段进行管理。安全管理存在于学校管理的方方面面，只有安全管理工作做好做实，才能保证学校良性发展。

3．维护社会稳定的保障

校园安全管理既是保证学校良性发展的基础，也是维护社会稳定的保障。学校在社会成员中扮演着重要角色，学校的发展状况将对社会稳定产生较大影响。近年来，我国高职院校数量、学生人数不断增加，形成了高度密集居住的学生群体。一旦发生学生安全事故，就非常容易在还没有形成正确的世界观、人生观和价值观的高职院校学生之间迅速扩散，甚至会导致学生不加甄别、不加求证地就在网络媒介上将安全事故传播出去，或是导致学生受到负面信息的影响，由此更易产生“涟漪效应”，给社会造成严重的负面影响。高职院校的特殊性对校园安全管理提出了更高、更严的要求，加强高职院校安全管理，提高高职院校安全管理水平，不仅有利于保障与学校相关的一切主体的利益，还有利于保障社会的和谐稳定。

第二节　高职院校安全管理工作探索

国家对于职业教育寄予重望，对校园安全管理提出了更高要求。安全稳定的校园环境是职业教育发展的基础。高职院校安全管理的课题研究不仅是学校管理中的重要课题，而且是治国治家的先导课题。另外，影响校园安全管理的学校、学生、社会、家庭这四大因素会随时代的进步而发生变化，因此，高职院校的校园安全管理会面临层出不穷的新问题。有关高职院校的安全管理研究是一个永恒的课题。

一、高职院校安全管理工作的现状

1．高职院校安全管理工作存在的问题

（1）安全管理中学情差异针对性不足。在高职院校的安全管理中，存在着学情差异针对性不足的现象。为了方便教育和管理，在进行安全教育管理的过程中，高职院校通常采用统一的方法、陈旧的教学形式和内容，忽略了不同生源类型之间存在的差异性。安全教育的教师根据分配的教学任务完成教学管理安排，看似进行了充分的安全教育，采取了许多的安全管理措施，并且付出了大量的安全教育成本，但是实际效果却很不理想。

①普高统招生欠缺实操性安全管理。普高统招生生源中大部分学生的高考目标是考一所理想的本科院校，但由于发挥失常或平时努力不够导致高考成绩不理想，因此只能就读高职院校。这部分同学失落感较大，且对高职院校缺失全面客观的认识。相对于本科院校的学生，他们缺乏自信心，对自己的前途感到迷茫，但可塑性较强。在学习基础上，其理论知识相对于普高单招生、三校生和五年一贯制学生更为扎实，但实际的操作动手能力相比其他学生稍弱。

高职院校欠缺针对普高统招生进行的实操性安全教育管理。虽然多数高职院校每年在开学初进行集中安全教育培训，学生工作处在学期中会组织相关安全知识竞赛等活动，同时，各系开展形式多样的安全教育主题班会，可以说在安全知识的宣传和教育方面做了不少工作。但对于普高统招生而言，仅仅靠听和背来学习安全知识只是纸上谈兵，因为他们缺少的不是学习知识的能力，而是实际动手的能力。例如，如何使用灭火器，如何使用实训设备，面对犯罪分子如何自我保护等，这些都是需要普高统招生通过实际操作学习的。

②普高单招生缺乏激励性安全管理。普高单招生中大多数学生是因高中时期学习成绩相对较差，文化基础较薄弱，他们参加全国统一高考考上高职的希望较小，因此选择参加自主招生考试。另外，有一部分普高单招生早已毕业多年、具有一定的社会工作经验，在工作后才认识到学历的重要性，于是选择参加单招考试，继续学习深造。

这两种情况的普高单招生进入高职院校学习的目标是要拿到大专毕业证，其学习目标性很强但学习积极性较难调动、学习自觉性不高，并且生活较懒散、纪律意识不强、职业规划不清晰、劳动观念淡薄。

③五年一贯制学生缺失约束性安全管理。五年一贯制学生是指中考成绩不理想、无法进入高中学习而只能报考高职院校的五年一贯制学习的学生。五年一贯制学生没有在高中学习文化知识，其文化基础知识较薄弱、学习动力不强。加之年龄偏小，五年一贯制学生大多数没有养成良好的自我约束管理习惯。

由于以上种种原因，五年一贯制学生容易被社会上不良行为和风气所影响，五年一贯制学生中违反学校安全管理相关纪律的比例相对较高。对于这部分的未成年学生，学校更应该加强约束性安全管理，多开展丰富多彩的安全活动，使学生明确自己能做什么、不能做什么，避免学生发生安全事故。

④三校生开放性安全管理不足。三校生是“普通中专、职业高中、技工学校”这三类学校的应、往届毕业生的统称。三校生由于衔接专业基本固定，在中职学习期间专业技能方面已经接受过相关训练，所以这部分学生的职业技能基础好、学习目标较明确、职业规划也较清晰。

在进行安全管理过程中，三校生能按照学校要求完成相关安全教育，学习相关安全知识，掌握安全操作方法。另外，中职时期的严格要求使他们习惯性地接受安排，因此相对来说，缺少自主思考、自主学习的能力。对于已经掌握安全知识和实操的他们，高职院校可以采用一些开放性安全教育管理方法来丰富他们的学习形式，提高其学习和实操的效果。

（2）网络安全管理滞后。

①网络安全教育理念滞后。网络安全教育是保证大学生健康发展的重要内容，是其他课程无法代替的。网络安全教育理念在新时代的教育背景下具有十分重大的影响。落后陈旧的教育理念早已跟不上网络时代的发展，而只有与时俱进更新发展的安全教育理念才能紧跟时代步伐。只有具备更新的安全教育理念，高职院校才能真正传授给学生最新的网络安全相关知识和技能，如此才能确保学生在网络社会中安全健康成长。

②网络安全教育内容陈旧且方式单一。许多高职院校的网络安全教育一直沿用思想道德修养与法律基础课的教材，教学方法老套、教学内容跟不上时代发展步伐，很多网络安全教育的内容还停留在如何避免网络综合征、网络犯罪等老套问题上。

在教学过程中即使涉及一些高职院校学生容易遭遇的网贷、网络诈骗等问题，大多也只是进行简单的宏观介绍，而缺乏具体对策的研究，难以对学生的网络安全起到指导作用。

虽然辅导员经常召开一些网络安全主题班会，但是大多都是用说教的方式，提醒学生注意安全。网络安全教育流于形式，针对性和时效性不强。另外，在安全教育内容方面，也只侧重网络安全知识的教育，却忽视了学生网络基础技能和网络安全策略教育及网络道德教育等。

③网络安全事故多为事后处理。高职学生比较单纯，思考问题的方式较为简单，很容易被网络上别有用心的人利用，其生命财产很容易受到威胁。面对网络安全事故，学校采取的方法多为处分违反学校规章制度的学生，将受害学生的情况告知父母，将网络安全事件在校内进行宣传以警示他人。而这些措施都是事后处理，目前，高职院校中缺乏针对网络安全事故的事前防范机制。高职院校必须变被动为主动，加强事前防范、做足功课，给学生打好预防针。高职院校要注重网络安全教育工作，更新、充实教育内容，要完善网络安全预警制度和机制，提高师生网络安全防范意识，减少事故发生的概率。

④网络道德教育缺失。高职院校的学生在进行网络活动过程中，会出现一些不道德的网络语言和行为，网络语言无拘束、谎话连篇、违背诚实守信原则，甚至有些违反相关规定和法律，涉黄、涉赌等。这些背离道德的语言和行为让人痛心，导致这一让人痛心疾首的结果不仅是网络的虚拟性和隐蔽性，还有学校网络道德教育的缺失。

当前，高职院校的网络道德教育管理工作缺失较多。一是学校对网络道德教育不够重视。网络道德教育是德育体系中的重要内容，对高职院校学生进行网络道德教育应当引起学校教职工的高度重视。高职院校对网络道德教育重视不足是导致一系列网络道德教育问题的主要原因。二是网络道德教育内容缺失。教师在教学过程中，没有对网络道德内容进行专题讲解，而是简单带过。三是网络道德教育理念落后。网络的开放性和互动性，使得学生能在最短的时间得到第一手资料，而有些教师的教龄长、教育观念陈旧、思维定式等原因使得他们运用网络的技能远远低于学生。可想而知，由于对网络了解甚少，导致这些教师在教学中难以利用网络道德教育的新观念、新内容，使得教师的网络道德教育信服力大大降低，这就为网络道德教育增加了难度，削弱了网络道德教育的效果。

（3）实习实训中安全管理缺失。顶岗实习是指学生在实习基地，与企业员工从事同样的生产实践活动。顶岗实习的学生承担工作岗位的责任和义务，可以在积累相关工作经验的同时获得一定的劳动报酬。实训是指在校内实训室对学生进行实践技能训练，培养学生的实践操作能力。当前实习实训中安全管理缺失的问题主要表现在以下几个方面：

①安全制度不到位。有些安全管理人员及实训室教师为省时省事，省略安全管理检查这个步骤，难以及时发现潜在的安全隐患，导致事故发生，这是实习实训规章制度落实不到位的问题。

高职院校制定了相关的实习实训安全规章制度，但有的安全制度多年未改动，内容陈旧、不能满足不断提高的实习实训安全需要，未能做到事前防范，导致安全事故发生。

学生实习实训安全制度不到位，学生安全意识难以提高，学生安全无法保证。

②安全教育不深入。学校在学生实习准备阶段开展了动员会、安全知识培训等一系列安全教育工作。许多学生存在心理反差大、适应能力差、缺乏沟通能力、业务素质不高、安全意识淡薄、对安全教育重视不够等问题。另外，在实训室进行操作之前，实训室的管理人员和实训教师很少就相关安全制度和要求告知学生，即使有教师在课前讲授安全知识，也只是简单带过，未能将安全教育内容放在重要地位，未能详细说明安全教育内容的重要性和安全事故的严重后果，不能引起学生的高度重视，导致了避免安全事故发生的最佳时机。如若安全教育的传达者都未能很好地重视安全教育，那么其安全教育的效果必然大打折扣。

③安全责任保险欠缺。国家为确保学生实习期间的安全，特制定《职业学校学生实习管理规定》，其中强制要求学校和实习单位共同为学生投保。高职院校在和企业合作过程中通常极力争取，要求企业为学生进行实习责任性的投保，但由于各种原因，未给实习的学生投保的情况仍大量存在。

一旦学生在实习实训中受伤，学生不仅缺乏保险保障，而且还要承受身体疼痛和面临支付大量医疗费用的心理挫折。事实证明，投保能够帮助学生有效应对在实习实训过程中遇到的安全风险，减少给学生带来的损失。因此，学校应争取多方资金支持为学生投保，确保学生的安全。

（4）有效防范冷暴力尚属空白。

①缺乏专门机构管理冷暴力事件。当前，高职院校学生即便遭遇了冷暴力事件，但是由于不清楚该去向哪个部门求助，往往陷入孤立无援的境况。在高职院

校校园中，学生冷暴力事件频繁发生。而且有的冷暴力事件性质恶劣、影响面较大，单凭学生或是教师的单薄力量无法解决，只能逐级上报，如此既耽误时间，又未能及时化解学生心理问题。校园冷暴力有时越演越烈，进而引发更为严重的恶性事件。学校缺乏专门机构管理冷暴力事件，用专业的知识和方法，第一时间处理事件，帮助学生化解心理问题。

②缺少专业的管理冷暴力人员。辅导员是直接接触学生的人，一旦学生间发生冷暴力事件，辅导员及时发现，了解情况，采用适当方式处理，将会减缓冷暴力事件对学生造成的心理创伤。但高职院校提供辅导员冷暴力相关的培训还较少，辅导员对校园冷暴力的了解大多是自己在网络或生活中积累的碎片知识，未能客观全面学习掌握冷暴力的相关知识，不懂得如何恰当处理学生之间发生的冷暴力事件。因此，高职院校应尽早为辅导员和相关的安全管理人员进行专业培训，使他们能够学会专业的处理办法，减少对学生更多伤害。

③欠缺针对冷暴力的安全管理制度。目前，大多数高职院校还没有专门关于冷暴力方面的安全管理制度，原因主要是教师和学生对校园冷暴力的重视和关注程度不够，甚至缺乏对冷暴力的基本认识。学校无相关冷暴力制度，导致学校发生冷暴力事件时，无冷暴力制度可执行，不是对相关人员及时进行教育，也不是去反思学校的行为，而是故意隐瞒、不了了之，以致校园冷暴力现象越演越烈，对学生产生更多的心理伤害。

④缺乏冷暴力安全管理措施。学校欠缺冷管理暴力的机构、人员、制度，同样欠缺相关处理措施。如何采取有效且对学生伤害最小的方法和措施是处理冷暴力事件的关键。使用恰当的处理方法、及时处理，那么冷暴力的管理效果将会立竿见影；反之，如若采取不当的措施，则不仅无法解决安全事故，还容易对学生造成终身难以化解的心理影响，使之需要更长时间才能化解、治愈。

冷暴力事件总是在无声无息中发生，对学生的心理伤害如影随形，学校必须及时建立冷暴力的安全防范措施，构建有效防范校园冷暴力体系，才能将冷暴力的影响消灭在萌芽时期，减少冷暴力对学生的心理伤害。

（5）实验室安全管理及教育不到位。

①安全管理制度不完善，实验操作不规范。制度保障是高校实验室的安全管理工作的首要条件。在高职院校中，虽然基本上每个实验室都挂有实验室安全准则，但是在实际落实时还存在许多不足。

有些实验室的规章制度制定时间比较早，警示牌陈旧、牌上字迹模糊；有些实验室的设备经过了更换或者改造，但是警示牌的内容没有得到及时的更新和维护；有些实验室的规章制度都是从网上下载的通用型模板，如常见的机电实训室规章制度、电气实训室规章制度等，而没有根据实验室设备的型号、实验室的条件制定相应的制度；规章制度中只涉及一般情况，没有说明特殊实验设备的安全管理制度，实用性较不强。

在公共实训中，有一些数控加工的大型设备，如果没有规范操作，极容易导致安全事故。在实训课堂上，常见的教学过程是这样的：教师先行讲解操作流程，然后直接示范，学生根据教师的讲解和示范自己操作，当有问题时再询问教师。但是在实训课堂上，存在着种种问题。例如，有些学生处于后面的位置或者上课走神导致错过了教师讲解的部分流程，往往第一反应是去求助其他学生而非求助于教师，这就埋下了安全事故的隐患；又如在大型设备数量较少而学生较多时，一个教师往往要为一个班级的学生进行讲解，在无法全面保障每个学生能规范操作的情况下，如若设备没有相对应的安全操作规范条例供学生参考，那么学生实验操作不规范就极其容易发生安全事故。

②安全意识淡薄，安全知识缺乏。相对于本科院校，高职院校在教学研究中更加注重培养学生动手操作的能力，因此其安排的课程大多为实训课。这意味着在高职院校中实训室的使用频率比较高，学生和教师有相对更多的时间是在实训室内进行实操训练。

但是在许多高职院校中，教师在教学中比较注重学生实操能力的培养，而对于实验室的安全使用强调不够。即使有些教师在课堂上对学生进行过安全教育，一般也只是一些简单的口头解说，学生印象不深刻。当真正发生安全事故时，大多数的学生是处于手足无措的状态。另外，高职院校对实验室安全教育不重视、宣传不到位，导致师生安全意识淡薄。

③安全设施不健全。实验室资金充足、规模扩大、数量增加、设备完善，但是也增加了实验室的管理难度。一是实验室管理人员的人数有限，管理人员要兼顾许多个实验室，难以全面看管。如若几个实验室同时发生事故，则极易导致损失无法得到及时的补救。二是学校的实验室维护投入经费较少，导致实验室设备损坏、基础设施老旧却无法得到及时的更换、维修，如有些实验室水、电线路

老化，发生线路裸露、漏水、渗水等现象；有些实验室未配有专门的防护服、防护镜，或者防护工具老旧、未及时更新；个别实验室的灭火器过期，没有及时更换，致使火灾发生时无法正常使用；大多数的实验室只有干粉灭火器，而没有根据实验室的实际情况配备不同的灭火器或者灭火工具。

2．高职院校安全管理工作存在问题的原因

（1）学校因素。校园安全管理工作能否顺利开展与学校领导的态度密不可分。学校领导对校园安全管理不够重视、未对校园安全管理人员进行专业培训，是安全事故发生或事故演变越发严重的原因。

①学校领导对安全管理重视不够。从当前高职院校的校园安全管理工作来看，尽管学校各级领导都在强调要加强学生安全教育工作，但在实际开展过程中，对学生的安全教育与管理仍停留在表面形式上，往往在事故发生后再想解决办法。

安全重在预防，预防重在教育。安全教育的教育成效依靠教育意识。安全意识不坚定、不重视安全教育而只是走走形式，那么安全管理难以落实到位。学校领导必须提高安全意识，将安全管理工作放到各项工作的首位，确保学校管理工作顺利完成。

②校园安全管理人员缺乏专业的培训。在通常情况下，高职院校的安全管理人员主要是保卫处的工作人员和各系辅导员，分别负责安全管理工作和日常安全教育工作。

然而保卫处人员学历层次相对较低，多为退伍的老兵。他们虽然经历过部队的严格训练，但大多是刚接触安全教育管理工作，安全教育管理的经验不足，处理安全事故的能力有待商榷。

高职院校的辅导员日常性事务繁忙，不能满足学生对安全教育的需求。学校有关安全管理人员的相关安全管理专业培训机会不多，能够运用的安全管理资源有限，加之管理者自身素质的局限等因素都对安全管理教育的成效产生一定的影响。

（2）学生因素。学生是校园安全管理的对象。学生的安全情况和动态直接影响着学校安全管理工作的好坏。学生生源结构多样化、心理素质复杂化是影响校园安全管理中学生因素的主要内容。

①生源结构多样化。在国家大力发展职业教育的良好契机下，如今的高职院

校发生了巨大变化——招生规模不断扩大，实训设施设备不断完善，教师水平逐年提高，生源结构日趋多元等。

不同生源的学生，经历不同、学习基础不同、道德水平不同、理解能力不同，太多的不同势必给高职院校校园安全管理增加难度。

②心理素质复杂化。不同生源类型的学生，来自不同层次的学校，有的来自普通高中，有的初中毕业参加考试进入五年一贯制学习，有的由中专、技校、职业高中毕业而来，有的毕业工作几年后参加单招考试来到高职院校，他们的年龄有差距、生活经历经验不同，心理素质更是参差不齐。

在学校的统一管理下，有些学生由于缺乏应对的经验和知识不能很好地适应高职生活。宿舍同学间不能和谐相处，遇到挫折或困难，心理承受能力差，对内心造成巨大压力。有的学生不仅生活上不知如何处理好人际关系，而且学习上也难以适应。

由于高职阶段的学习与之前的学习相比，在内容和方式上发生较大变化，实践操作方面的课程较多，自由学习时间较宽松，但学生自我约束能力差，被网络游戏等吸引，不能很好地安排自己的生活和学习，学习心理倦怠，滥竽充数、得过且过的心理大量存在，这些都为安全管理工作增加了不小的难度。

（3）家庭因素。家庭对于学生的影响是深远的。学生的道德品质、理想信念、性格意志等都受到了家庭的影响。

①特殊家庭的影响。新时代的到来，给我们的生活带来了巨大的变化。单亲家庭、重组家庭、贫困家庭的出现给传统的家庭模式带来了变化。

有的学生来自单亲家庭，父母总认为愧对自己的孩子，在教育孩子时过于放纵与溺爱，希望通过给孩子提供最好的物质条件弥补学生部分缺失的亲情；有的学生来自重组家庭，新家庭成员的加入给他们的内心带来较大影响，使得他们的内心通常更脆弱、敏感；有的学生家庭物质条件较差，物质上的差距使他们心理压力增大。

②不当家庭教育方式的影响。高等职业教育需要学校、家庭和社会的互相配合，而目前大多数家长对高等职业教育的认识存在偏差，例如有的家长认为把学生送到学校，那么学校有责任和义务教育好学生的一切，一旦有负面事件发生，家长就将责任归到学校，让学校承担责任。

有的学生受家庭的影响，尤其是特殊家庭中的小部分学生，缺乏进取改变的动力和信念，颓废、自卑，背负着巨大的学业压力，容易出现心理偏差，严重时极有可能患上抑郁症，不当的家庭教育方式给学生造成了难以消除的心理阴影。实际上，学生除在校外，其他的大多数时间都在家庭中度过，单靠学校的教育和管理是远远不够的，还需要家庭发挥良好的教育优势，配合学校的安全教育，避免不当家庭教育诱发的学生安全事故。

（4）社会因素。学生是社会成员中必不可少的一部分。社会的发展同样给学生带来不小的影响。

①复杂的网络环境。网络技术的日新月异，给现代人的生活带来了巨大的改变，同时影响着每一位高职院校的学生。网络是一把双刃剑，学生既可以利用网络查阅资料，利用网络聊天购物，同时，也会受到不良信息的侵害。高职院校学生的好奇心及接受新事物的能力比较强，平时的课余时间又比较多，那么就很容易被一些不法分子利用、容易被网络的错误思想和行为所影响和侵害。这些都为校园安全管理带来了困难，造成较大的安全隐患。

②复杂多变的校外环境。大多数高职院校都位于城乡交界处，位置较偏、房租较低。有大量的外来务工人员居住在学校周边，他们的素质参差不齐，鱼龙混杂，给校园安全带来严重挑战。学校周边的不少私营网吧、小饭店、小理发店等不仅容易引起打架、斗殴、盗窃等治安问题，还容易波及校园安全问题，为校园安全埋下隐患。

在社会上一些不良行为和错误舆论导向的作用下，社会阅历不足、思想单纯、辨别能力较差的高职院校学生很容易产生认知偏差，进而导致价值观、人生观等发生错位。有一些学生只顾追求个人利益，忽视了安全问题，结果给自己或他人带来伤害。

二、高职院校安全管理工作的对策

校园安全管理是一项长期而复杂的系统工程，既需要各部门的通力合作，又要充分发挥师生的主观能动性；既要重视硬件的建设，又要重视软件的改善；既要加大资金投入的力度，又要加强思想教育的力度。

1．构架校园安全管理体系

安全管理是一整套基于安全管理的体系，包括机制、制度、组织、管理、经费、平台等。

（1）加强校园安全管理队伍建设。

①强化领导的安全责任意识。高职院校领导对某项工作的态度和意识，会从上到下影响各级教职工的工作态度。可以说，学校领导的态度对工作的开展有十分重要的影响。领导虽然知道安全的重要性，但在实际工作中却受到其他教学工作的影响，搁置或推迟安全工作的推进。对此，要强化高职院校领导的安全责任意识，用一票否决制提醒他们强化安全责任意识。领导要在日常工作中充分发挥影响力和威慑力，以身作则，落实安全管理工作，加强校园安全管理。

②增加专职辅导员数量，提高辅导员安全素质。《普通高等学校辅导员队伍建设规定》中要求高等学校应当按总体上师生的比例不低于1/200的比例设置专职辅导员。辅导员对学生在思想、学习、生活中出现的各种安全问题，能够给予很大的帮助，所以，配备足够数量的辅导员用于学生工作是预防校园安全事故的基本保障。同时，通过培训体系建设，规定培训内容和频次，确保培训质量，从而提高辅导员的安全素质。

③提高学校安全管理人员素质能力。随着时代发展，影响校园安全的因素越来越多，犯罪手段也在不断升级。因此，高职院校迫切需要建设一支适应安全教育需要的专业安全管理队伍，并且定期对保安人员的身体素质、安全知识和安全技能进行培训与考核，不断提高保安队伍的整体素质和安保能力。

基层的教职工也是安全管理人员的重要组成部分。与学生接触较多的除辅导员外，就是教师。学校要多组织针对教师队伍的培训，提高每一位教师的安全管理水平。高职院校可以借用在实际工作中的案例演示进行培训，让教师明白轻视安全教育实际上是在为学生的生命财产安全埋下隐患，这样更有利于教师接受和理解，从而提升学习效果。例如，在顶岗实习过程中学生受伤，教师如何和企业沟通保障学生安全，维护学生利益；在学生冷暴力事件中，教师该采取怎样的方式方法减少对学生的心理伤害、化解心理问题；在安全教育过程中，采取哪些方式方法可以提高学生的安全意识，使其更加重视安全等。

（2）建立校园安全管理平台。日常中通过微信群、学校网站、公众号等平台进行校园安全管理。学校应建立校园安全管理平台，将信息化管理手段应用于安全管理中。校园安全管理平台要包括安全资讯、管理资源、法制安全、校园保险、德育在线、家校互动等功能。校园安全管理平台的建设对提高校园信息化水平、加强家长与学校沟通和联系、督促学生学习安全知识、促进和谐校园建设等将起到积极的作用。

建立校园安全管理平台是十分重要的，需要学校投入资金，聘请专业团队制作平台软件。当然，维护校园安全管理平台同样重要。建立平台只是一个开端，如何维护、完善，使平台发挥最佳的效果，这才是更为困难的问题。对此，学校可以成立一个专门负责安全管理平台的部门，聘用专业教师维护和更新平台信息。同时，联合学生会、团委举办关于平台推广的专题活动，大力宣传平台，让广大师生了解到平台的意义和作用，最大限度实现平台的价值。

（3）完善校园安全管理相关制度。建立健全校园安全规章制度，实施规范化的管理是校园安全管理的重要举措。

①安全教育制度。完善校园安全教育体系，应从制度内容入手。制度内容应分层次、分段、分类地开展安全教育。从个人财产、网络安全、实践培训、心理健康等方面开展安全教育。在新生入学、节日放假前、顶岗实习前等关键的时间节点，针对可能出现的问题，开展不同的安全教育。另外，在安全教育制度中，应明确学校领导、部门负责人和工作人员开展安全教育培训的频率和内容。

②网络安全管理制度。网络安全关系到学生安全、学校发展和社会稳定。去除过时的网络安全教育内容，更新和完善网络安全管理制度，可以提高各级领导和工作人员对网络安全工作的重视程度，使学生知道哪些是不正确的网络使用行为，明确网络安全事故处理的专门部门，了解如何应对网络安全事故，引导学生建立正确的网络安全观。

③实习实训安全制度。高职院校在实施校企合作的过程中，针对学生管理的专门文件不多，致使相关管理机构在进行安全管理时无章可循，间接导致学生实习期间发生安全事故。高职院校和企业要根据学生的具体情况，明确安全管理的目的、主体、责任界定和事故处理办法，确保学生安全管理有章可循。应及时更新和完善高职院校的实训室安全管理制度，严格落实责任制，确保学生培训安全。

（4）健全安全管理相关机制。

①加强安全预警机制，防患于未然。安全管理措施基本上是事后补救措施。然而，对于那些成为安全事故受害者的学生来说，这种事后处理并不足以弥补他们受到的人身伤害。所以事先预防是避免安全事故发生的关键。

加强安全预警机制，一方面高职院校可以通过信息智能监控系统及时发现学生安全事件的线索，及时发布预警信号，做好准备；另一方面，在校园安全管理工作开展前，可以根据高职院校的实际情况，制定有针对性的应急预案，即使发生安全事故也能在短时间内解决问题，避免安全事故的恶化，把安全隐患消灭在萌芽状态，从而最大限度地减少学生的伤害和损失。

②构建有效安全管理应对机制，提高事故处理效率。校园安全管理的应对机制包括处理机制、善后机制和反馈机制。一旦发生学生安全事故，必须立即启动应急处理系统，这是整个事件处置的关键环节。处理效果的好坏直接影响到后续的发展。在突发事件发生后，为尽快恢复正常秩序，应启动善后机制，协调相关资源配置、开展收尾工作，最大限度地减少安全事件造成的损失。在事故处理结束后，应启动反馈机制，由专人负责事故处理后的信息收集和反馈，总结处理过程中的经验教训，为今后此类事件提供更有效的方法，提高工作效率。

建立校园安全管理应对机制，有利于管理部门充分发挥协调职能、高效整合和配置资源，缓解和化解利益冲突；有利于避免管理过程中的混乱，逐步规范有序，使各环节在事前、事中、事后的管理中保持清晰衔接；有利于提高高职院校安全管理能力，减缓校园安全事件的负面影响，确保学校的稳定发展。

③构建商业保险保障机制，分担学生伤害损失。高职院校是培养专业技能型人才的摇篮，注重学生的实际操作能力的培养。无论是学生在校内的实训室操作，还是到企业顶岗实习，实习实训中安全事故的发生概率不低。引起学生安全事故的因素很多，如学生自身技术的不成熟、有些工作岗位风险性强、企业安全培训缺失等。但无论什么原因，在事故发生后给学生造成的心理和身体伤害是巨大的。而保险可以分担学生伤害风险、分摊学生伤害损失，是应对学生伤害事故的重要途径和主流趋势。所以，构建适用于本校实习实训学生的商业保险保障机制是必要的。

在保险设计中，一方面应该积极和保险公司沟通争取，选择适用于不同实习实训内容的学生保险产品，并在保费的缴纳、保险的范围，以及保险理赔等方面争取最大优惠；另一方面学校应加强与企业、政府密切合作，争取企业资助、政府扶持，从而为学生在保费缴纳上减负，做到应保尽保，让学生的损失风险适当得到补偿。

④建立三级汇报工作机制，及时处理冷暴力事件。高职院校校园冷暴力管理是校园安全管理的薄弱环节。如果学生之间的小冲突、小摩擦不被发现或及时制止，就有可能演变成重大的安全事故。因此，高职院校辅导员在处理学生冷暴力事件时，要建立专门的“冷暴力事件处理机制”，在萌芽阶段消除潜在的安全风险。

三级汇报工作机制要求学生愿意向辅导员报告伤害到自身心理健康的冷暴力事件，鼓励学生干部发现校园冷暴力事件后及时向辅导员进行报告，要求辅导员在了解情况后立即采取适当的方式帮助学生解决矛盾、缓解心理伤害。如果事件发展较快且问题较严重，辅导员必须及时向二级学院、学生工作处、保卫处进行上报，请求专业的心理教师协助帮忙解决处理。

⑤建立协同联动机制，营造齐抓共管的良好局面。部分高职院校的安全管理负责人由校领导成员兼任，由安全工作处具体负责，涉及学生安全部分则主要由学生工作处、保卫处负责。在这种多头管理下，一旦安全事件发生，多个部门的配合难以协调，具体落实难度增加。造成这一状况的主要原因在于权责不清，相关责任人相互推诿。而这一问题的解决必须依靠建立“职责明确、分工合作”的责任机制，将各部门联合起来，团结一切可以团结的力量，形成上下一致、齐抓共管的良好工作局面。

每个责任人都应对他人的生命安全负责，注意自身安全，明白自己能做什么、该做什么，绷紧学生安全底线的红绳。通过签订全校自上而下的安全责任书，安全校园工作才能真正渗透到学校工作中。

2．多措并举加强安全教育

安全教育是学校安全管理的重要组成部分。良好的校园安全教育可以预防校园安全事故的发生。高职院校应丰富网络安全教育内容，将实训安全教育纳入教学体系，开展心理健康教育，创新安全教育形式，多内容、多方法加强安全教育。

（1）充实网络安全教育内容。当前，危害学生身心健康的网络犯罪和网络诈骗日益突出。网络安全教育的内容必须与时俱进。只有剔除过时的内容，更新网络安全的新内容、新模式、新对策，才能使学生及时了解和掌握网络安全的相关知识和技能，满足学生网络生活的需要。

网络安全课程应包括网络相关道德知识、防范技能、国内外网络安全法律法规等内容。通过法律的威慑力，让学生了解自己的网络底线，培养学生树立正确的网络道德价值观，帮助学生树立正确的法律意识，增强抵御不良信息的能力，减少网络侵权行为，保证学生网络的安全。

（2）将实习实训安全教育纳入教育教学体系。实习实训室安全教育课应是高职院校重要的课程之一，要与其他专业课程一样，做好教学计划，安排考核考试，将实习实训安全教育纳入教学体系。对于高职院校的新生，可以利用新生入学教育进行实习实训的基本安全知识教育，使学生明确实习实训安全的重要性；对于中等年级的学生，要将实习实训安全教育定为工科学生的必修课程，通过过程性考核或实践操作等考试形式，使学生清楚地掌握实训过程中的安全知识，提高安全意识，熟练掌握操作方法，确保学生实训安全；对于毕业班的学生，要将顶岗实习的相关安全知识和技能作为安全课程的重点内容，使学生在实习前熟练掌握实习岗位的安全知识和操作技能。

总之，只有将实习实训安全教育纳入教学体系中，才能使安全意识融入学生的日常操作当中，才能确保学生免受伤害。

（3）巧妙开展心理健康教育。一所优秀的大学不仅取决于其师资、科研力量，还在于其校园文化等软实力。心理健康教育的能力和效果正是校园软实力的重要体现之一，更是校园安全管理的一个重要方面。

值得注意的是，学生之间会因为一些小摩擦没有得到及时处理，而上升为冷暴力，小到长时间互不理睬，大到更为严重的恶性事件的发生。因此，高职院校要更加关注学生心理健康，巧妙开展心理健康教育。心理健康教育的内容不要仅仅是如何处理人际关系，还要给学生传授具体的缓解心理压力、控制个体情绪、合理宣泄情绪、有效放松的技能和方法方式，而不能仅仅局限于开会或讲座、张贴海报、展板等传统方式，应以学生遇到的实际问题作为教学内容，以师生之间共同演绎情境的教学方式完成心理健康教育，更能让学生受益。

学校还需要为学生建立心理档案，对学生的心理状况进行摸查，为有心理障碍的同学配备专业的心理辅导教师。辅导员、心理辅导教师等相关教职工应逐一访谈心理状态异常的学生，特别需要关注校园弱势群体的心理动态，捕捉学生出现的各类异常情绪和行为，巧妙开展心理健康教育，预防校园冷暴力等心理安全事故的发生。

（4）创新安全教育形式。高职院校不能一味使用讲座、会议等传教式的方法进行安全教育，应拓宽思路创新形式。例如，开设安全教育选修课程，让感兴趣的学生可以学习安全知识，利用案例分析和情景教学等办法，既能提高学生的安全意识，又能增强学生的实际操作能力；搭建校园网络立体平台，可通过校园网、班级 QQ 群、微信群、微博、论坛、公众号等网络平台，宣传安全知识，增强学生安全意识；开展丰富多彩的安全主题活动，团委可以联合系部、学生会、企业等举办多种多样的主题活动，提高学生的安全意识；通过比赛、展览、讨论等形式，来提高学生安全意识，应对各种安全挑战。

另外，家庭教育是学生安全教育的一个重要途径。学生的价值观、人生观、世界观受家长的影响很大。家庭环境对于学生的影响是潜移默化的，家庭教育具有长期性、渗透性、针对性等特点。教师面对的是一个群体，是点对面的教育；而家庭教育是点对点式的教育，其教育方式、方法、效果与学校教育有诸多不同。家长的言传身教对于学生来说是最好的学习途径。可以利用这一点，将学生与家长聚集在一起，指导家长学习安全防范等知识，再由家长传授给各自孩子。这样，一方面能给家长普及安全知识、提高家长对安全教育重要性的认识，提高自我保护能力；另一方面家长又能随时随地指导孩子提高安全意识并在一定程度上对学生进行监督和帮助。

3．根据学生差异采取多样化安全管理

高职院校安全管理过程中并没有区别教育对象的生源类型，导致了一刀切的现象。眉毛胡子一把抓的安全管理，虽然省时省力、节省支出，但管理效果却大打折扣。传统的安全管理习惯于“一视同仁”，表面上看似公平平等，实际上忽略了不同类型学生在特征和需求上的差异化，导致效果欠佳。高职院校应针对不同生源类型实施差异化的安全管理。

（1）加强普高统招生实操性安全管理。对于普高统招的学生，可以简化安全基础知识的指导，主要致力于指导他们的安全实践。例如，在实训室安全操作过程中，教师要耐心讲解操作的每一步。通过教师的示范讲解，使学生掌握每个操作步骤中应注意的安全问题，确保学生真正按照安全管理体系的相关要求学习和操作。

（2）注重普高单招生激励性安全管理。普高单招生的生活能力强，尤其是有着社会工作经验的学生，他们对于学习的兴趣不高，在进行校园安全管理的过程中注重采用激励性安全管理方法。比如，在进行安全知识竞赛时，可以设置一些他们比较感兴趣的活动，如学校举办与安全有关的相关活动、代表学校参加市级以上的相关活动等，抓住他们的好奇心和荣誉感，激发他们学习安全知识和参加相关活动的兴趣和动力。

（3）增加五年一贯制学生约束性安全管理。五年一贯制学生充满活力、好奇心强，对一切新鲜事物感兴趣，但是缺失准确的辨别能力。在进行安全管理时，应更多地对他们进行约束性管理。例如，教师在进行安全知识讲解的过程中，应着重告诉他们什么能做，什么不能做，应该做什么，不应该做什么，帮助学生明确自己的安全底线。安全道德教育是对五年一贯制学生的侧重内容。

（4）强化三校生开放性安全管理。三校生经历了三年的指定专业的技能学习和实操，对相关专业知识和操作了解较深入，已经有了一定的相关专业实习经验，甚至有的取得了相关职业的技能证书。遇到安全事故的时候，习惯于用之前所学的方式方法解决。但是他们的处理办法往往跟不上安全设施设备及知识的更新升级速度，导致安全事故不能得到妥善处理。所以针对三校生，高职院校可以增加开放性安全管理。例如，在学习防骗安全知识时，更多地讲述紧跟时代发展的相关防骗技术和方法，更新他们对于过时安全知识的理解和看法。

4．借助新媒体技术进行安全教育

（1）强化新媒体技术在安全教育管理工作中的应用。在新媒体技术的推动下，高职院校学生安全教育管理工作在内容、形式、人员等方面都有待改进和进一步完善。高职院校要做好安全教育与管理工作，需要以坚定的信念面对这些新的挑战，同时，合理运用多媒体技术探索和改进安全教育管理工作的有效策略和方法。安全教育管理工作者还需要积极提高自身专业素质水平，创新安全教育模式，鼓励学生积极参与安全教育，实现安全教育知识的有效传播。

高职院校在对学生进行安全教育时，应充分利用好信息技术这把双刃剑。在宣传校园安全知识的过程中，管理部门可运用新媒体技术，把握新媒体技术的特点，推动安全教育管理工作的有序进行。高职院校可通过以下两个方面来推进相关工作：

①制定完善的机制，为安全教育管理工作提供制度依据，促使新媒体技术的作用在安全教育管理中得到充分的发挥；

②研究当下热点信息和资讯，把握这些信息的方向，利用新媒体技术引导学生获取安全的信息。

（2）结合安全教育传统模式与新媒体传播模式。传统的安全教育模式是以教师讲授为主，学生只能被动地学习，而新媒体传播模式是依靠传播平台来传播信息。

这两种安全教育模式各有千秋。在传统模式中，教师对安全知识的掌握有较强的专业性，并且能稳妥地掌控安全教育的局面，而新媒体传播模式新颖、效率高、受众面广，其安全教育的成效更加显著。因此，高职院校可通过结合两种模式来开展安全教育，使安全教育工作更加高效地完成。

（3）在高职院校治安管理中提高新媒体技术的应用效能。治安管理是高职院校安全管理的重要组成部分。加强治安管理可以有效地促进高职院校的安全管理。高职院校可以将新媒体技术与治安管理相结合。例如，高职院校可以将相关管理部门的相关信息，包括电话、网址、微信等，以二维码的形式发布或打印在公告栏上，让学生随处可见安全信息，提高安全意识，使安全管理更加高效灵活。

另外，高职院校还可以对学生个人信息、周边商务信息、交通信息采取相同的信息管理模式。如此既有利于学校对相关信息的监管，也能使学生及时了解最新信息，提高工作效率。

5. 加强实验室安全管理

（1）制定安全管理制度，建设实验室安全文化。安全管理制度是做好实验室安全管理的重要前提，是必不可少的核心内容。在学校的统一领导下，构建由学校、二级分院、实验室组成的三级联动的实验室管理体系，明确管理责任，分管到人。学校、二级分院、实验室根据最新的实验室情况各自制定实验室管理制度，将新的警示牌，悬挂到各个实验室的醒目位置。制作实验室安全教育宣传片，张贴安全宣传图片，逐步建设实验室安全文化。

（2）加强师生安全意识，严格实验室准入机制。在每个学期初的时候，对在实训室上课的师生进行安全操作培训。

根据实验室情况的不同制定相对应的实验室准入考试，第一次进入实验室做实验的学生和教师都需要通过测试，没有通过测试的人员再次培训直到通过考试为止。同时，经常进入实验室科研、竞赛的师生应按月不定时测试，所有测试全部通过才能继续进入实验室，确保师生掌握安全理论知识。

对于一些大型的数控机床设备或者是复杂操作的设备，应该对使用此类设备的师生下发操作规范，要求师生观看操作视频，并张贴操作规范在设备的醒目位置，邀请厂家来校对师生进行培训并考核通过才能进入实验室操作。

（3）完善基础设施，定期安全巡视。实验室的安全使用以实验室的基础设施完善为基础。因此，学校应该单独划拨出一部分资金，用来保障每年实验室的及时维修。

对于一些基础的水电线路应及时维修、更换，消防设备应安排专人定期检查，及时更换。对于每个实验室的基础设施，在使用时如果发现故障应及时维修，每月安排实验室管理人员进行检查并记录。

（4）制定应急预案，定期安全演练。在突发事故发生时，实验人员快速、正确地应对措施是减少安全事故产生伤害的最关键的步骤。对此，高职院校应制定关于水、电、火、实验室危险物品的应急方案，确保应急方案的科学性和针对性，能较大程度减少安全事故带来的损失。应每个月至少开展一次实验室安全演练，增强师生的紧急应对能力。

6．抓牢高职院校校园安全危机管理的关键节点

（1）重视校园安全危机教育，强化安全防范技能的培训。高职院校要把师生安全危机教育作为一项常态工作，通过开展安全知识讲座和竞赛、校园安全活动日、学生安全社团活动等引导师生牢固树立安全危机意识，提升师生对常见的安全问题保持高度警惕，以改变以往师生不关心校园安全危机的现状。同时，也要引导广大师生树立安全责任感、主人翁意识和集体主义，积极参与校园安全危机管理。

另外，高职院校还应常态化开展安全危机处理的相关技能培训，如火灾逃生法、医疗急救技能、网络诈骗防范方法、紧急避险法等。安全危机教育及相关技能的培训，不仅对高职院校应对校园安全危机十分必要，还对学生离开学校后处理安全危机是非常重要的。

（2）制定校园安全危机应对预案并实施预演。高职院校校园安全危机应对预案建立在本校多次发生的安全危机事件的基础之上，是对危机处理流程的预设，应当依据不同类型的安全危机，分别建立相应的危机处理预案，预案要着眼于最短的时间、最大限度地降低安全危机造成的损失，充分考虑危机发生时能够紧急调动的各种资源，尽可能做到内容的详细与具体化，并确保设计的每一个处理环节及举措都要切实可行。

因此，相关管理部门应根据形势的变化，调整安全危机应对预案，防止因条件发生变化。校园安全危机应对预案的内容可以分为适宜公开与不适宜公开两种。例如，一般校园伤害危机和政治危机应对预案中有关的资源、方法和策略的内容不适宜公开，但危机处理的程序和应急方法必须公开。

（3）认真开展校园安全危机的恢复与重建，重视危机总结。重大校园安全危机结束后，安全管理人员精疲力竭，往往容易忽视安全管理善后工作。安全危机后的恢复与重建是高职院校安全危机管理的一项重要内容，只有认真对待，才能妥善处理好有关的遗留问题，尽快消除负面影响，也能够有效防止引发危机的诱因死灰复燃，再次发生安全危机。

同时，危机中受损的软硬件设施需要修复，受伤人员需要及时进行心理疏导。因此，只有善后重建工作及时细致，高职院校才能尽快走出危机阴影，恢复正常的教育教学秩序。另外，对危机事件进行全面、深入的总结，可以发现许多问题和原因，这对提高高职院校的管理水平具有重要的意义。

（4）加强对学生的心理健康教育。中国疾病控制中心精神卫生中心公布的一项调查数据显示，16%～25.4%的大学生有心理障碍，具体表现以焦虑不安、恐怖、神经衰弱、强迫症状和抑郁情绪为主，大学生心理问题所引发的危机已成为高校学生危机心理的最大威胁。

与本科生相比，多数高职院校学生在初中或高中阶段因为学习成绩不好，得不到教师的赏识、其他同学的敬仰，甚至还经常受到家长的责备，存在着一定程度的自卑心理。一些同学甚至破罐子破摔，对学习绝望，沉迷于网络游戏的世界。极少数人还迷恋于网络赌博，再加上部分学生父母离异或单亲、家庭贫困等特殊情况，导致高职院校学生存在心理问题的比例远远高于本科生，成为高职院校学生自杀、打架斗殴诸多安全隐患的根源。

因此，加强心理健康教育，提高学生的心理调适能力，不仅是维护高职院校学生心理健康的迫切需要，其实还是高职院校校园安全危机管理的必然要求。

对于存在心理问题的学生尤其是心理问题严重的学生，高职院校很难完全解决其心理问题，大多数家长却不知情，或者也无力解决，因此教师与家长要充分沟通、共商对策、发挥合力。高职院校在正常开展心理健康教育的同时，要鼓励、引导、支持班主任、辅导员以及心理健康教师多与家长交流，促进家长多关心孩子，引导家长转变以往对孩子的偏见。

当然，高职院校也应为教师与家长的沟通创造一定的条件，如建立家校合作平台，组织家校合作活动，为教师出差、家访提供交通补贴或固定通信补贴等。另外，对于少数有心理障碍或严重心理疾病的学生，高职院校应建议家长为学生办理停学手续，及时治疗，防止其心理问题恶化，进而增加校园不稳定因素。

（5）做好沟通、协调等其他工作。随着高等教育的迅速发展，高校出现了一些新的问题，如发展提速背后质与量的矛盾、生源竞争背后的违规招生、就业压力增大背后的就业率造假、安全事故背后的管理缺陷、追名逐利背后的学术腐败、校区建设背后的贪污腐败等。这些事件经过网络的发酵会对高校的声誉产生严重影响，甚至引发危机事件。

一旦高职院校中发生重大校园安全危机，高校新闻发言人制度的实施可以使高职院校在校园安全危机管理中具有主动权。高校在第一时间发出声音，澄清事实，减少负面报道和连锁反应的影响，维护学校的良好形象和公信力，有助于遏制安全危机事件的蔓延。

高职院校信息的发布必须遵循及时性、客观性、多样性的原则。信息公开的事实应当客观、准确、全面。信息发布人员除发布传统文本信息外，还应综合运用文字、图像、声音等各种符号，增强信息发布的公信力。

目前，以 QQ、微信为代表的网络媒体在高职院校学生中得到了广泛的应用。一方面，新媒体及时、快捷，互动性强；另一方面，网络媒体上的信息真实性难以辨别，舆论导向容易主导，管控难度大。对于高职院校校园安全管理而言，新媒体既是机遇也是挑战。

因此，高职院校不仅要高度重视新媒体，而且要充分运用新媒体，扬长避短，加强对校园贴吧等新媒体的管理，遏制谣言的传播；通过官方账号和 QQ 群宣传国家安全法规，建立学生安全管理制度，对学生进行安全管理；利用互联网发布校园安全事故应对课程。

第八章 新时代高职院校管理研究与实践

我国高等职业教育随着国家经济的发展和产业结构的调整，已经从前期的外延式发展向高质量内涵式发展不断前进和努力着，其中可称重点、难点的就是“校企合作”创新管理模式的开展，其发展和建设的过程中呈现出很多问题，但也为新时代高职院校管理创新注入了一些新鲜的活力。

我国科技创新水平取得了突飞猛进的进展，互联网技术正在不断进步和发展中，并且人们已经逐渐进入了全新的互联网时代。互联网技术在人们的工作和学习生活中应用得更加广泛。目前“互联网+”的模式已经在我国社会建设与发展的多个领域之中取得了不小的成效，高职院校作为年轻学子云集的校园，互联网技术的使用更应尽快提上日程。

第一节 高职院校校企合作管理工作

校企合作模式对于高职院校实现其人才培养目标，提高教育教学水平有着非常重要的意义。根据我国新出台的政策可知，高职院校的主要任务就是为高速发展的社会培养专门的技术人员，这必须在高职院校的专业设置和课程设置上有所体现。为了更好地锻炼学生的动手能力和实践能力，培养学生运用所学理论知识和技术解决问题的能力，借助于企业提供的平台为学生营造一个工作环境和空间是一种十分有效的手段，同时，也具有很强的可操作性和可行性。

高等职业教育作为高等教育的重要组成部分，自然也会受到新课程改革的冲击和影响。如何在这样的浪潮中扬起风帆，平稳地继续航行，这是广大高职院校需要重新思考的问题。在这种机遇与挑战并存的大背景下，通过校企合作的管理模式完成高职院校人才培养的任务具有重要的现实意义。

一方面，企业可以通过自身的资源为学生提供一定的实习和实践机会，让学生切身地理解和体会所学知识和技能；另一方面，高职院校在培养人才的过程中如果能够融合一些企业生产经营的因素，如将与某个企业相关的实际案例引入课堂教学的过程中，能够增加课堂的趣味性和真实性，也能够有效提高学生的创新能力。

一、高职院校校企合作管理的现状

校企合作模式是近几年才开始建设和发展的一种高职院校管理模式。这种管理模式有它的长处，也在一定程度上推动了高职院校实训基地的建设和成熟，促进了高职院校培养出更多兼具充足的理论知识和精湛的实践技艺的实用型、创新型和技术型人才。但校企合作模式并非十全十美，在为高职院校人才培养贡献出力量的同时，也对高职院校的管理工作提出了新的挑战。在应对新挑战的过程中，自然也出现了各种各样的问题和弊端。

1．校企双方稳步共建实训基地的喜人成果

（1）校企合作实训基地建设对高职院校人才培养目标的优化与调整起到了巨大的推动作用。以往高职院校虽然已经开始调整人才培养的结构，从“重理论，轻实践”逐渐向着理论和实践并重的方向努力。然而高职院校专业人才培养方案调整的次数总是跟不上形势变化的速度，最终还是不能满足实际市场对人才的需求。这主要表现在高职院校耗费大量人力、物力培养出来的学生毕业后并不能很好地迅速适应企业及其工作，而是需要企业对其进行二次培养才能开始上手工作，这在某种程度上限制了企业对毕业生的需求，也影响了高职院校毕业生的就业情况。

那么如何打破这种局面呢？校企合作的管理模式就此应运而生。我们认为，只有将企业培养和校内教学结合起来，在学习必要的理论知识的基础上，将需要在企业进行的专业技能培训融合在日常的专业教学中，缩短学生适应岗位工作的时间，才能帮助他们以更快更好的姿态完成企业交给他们的任务。

通过校企合作，高职院校在企业的帮助和投入下开始积极建设实训基地，逐步了解各个企业对人才的需求量、需求类型和需求雷区，校企双方继而根据收集到的以市场为导向的人才需求规格对各专业人才培养方案进行调整和优化，加入一些当前市场亟需而以前被忽视的专业课程，淘汰一些落伍的、当前已经没有必要的课程，共同制订学校的专业实践技能培养计划，请高精尖的企业工程师作为任课教师，将企业正在进行的相关项目工程作为教学实践实习的理想课程和范本，使学生在学习的过程中将项目规划设计与专业课程知识融合在一起，从而更好地培养学生的专业技能，使学生能够学有所用。

同时，校企双方还可以根据市场需求共同制订一些与专业有关的活动方案，明确相应专业的人才培养目标和市场认同度，还可以委托企业承担一些对新教师进行制度、文化和技能等培训的任务，对新专业后续的专业教学也起到保障作用。

（2）通过校企合作，高职院校双师型教师队伍建设成果显著。高职院校的“双师型”教师队伍建设一直是其教学管理工作的重中之重。由于高职院校的大部分教师是直接从中职学校或者普通高等院校调任过来上课的，他们有着杰出的教研和学术成果，但由于专业教师缺乏对企业项目的参与，在实践教育环节一直存在短板，且这种短板越来越突出，其培养的学生也越来越不能适应市场对专业能力的要求。而校企合作下建设的实践教育基地为解决这一问题给出了答卷，依托双方合办的实训基地，学校可以组织部分教师参与企业的一些项目开发，甚至还可以与学生一起跟进企业的项目研发过程，有机会向那些兼具专业知识和技术的企业工程师学习，了解市场对人才需求的情况，弥补专业教学在实践教育环节上的不足。在实训基地全程参与企业项目研发，这既能锻炼教师的实践动手能力，又提高了教师的实践教学本领，同时，教师将学到的知识反哺学生，能有效培养学生的专业能力和实践能力，提高了他们的职业竞争力。

（3）通过校企合作，高职院校学生在职业技能大赛中的成绩节节高升。职业技能大赛成绩是用来衡量高职院校学生实践能力和综合素养的直接标准，也是评定高职院校教育教学水平的关键因素。它具有引领专业教学方向的重要作用。在校企双方合作建设实践教育基地的过程中，高职院校可以依托基地平台组织引导教师和学生参加各级职业技能大赛，不仅能够检验学校的教育教学水平、考核教师和学生的专业能力，参赛的过程还是一个能够帮助高职院校学生和教师共同成长和进步的宝贵机会。

（4）通过校企合作，能够实现学生实习就业一体化。高职院校依托校企合作创办的实践教育基地，每年可以安排部分实习生参与基地企业实习就业，也可以派遣企业的优秀工程师为马上要毕业的学生进行培训和讲解。这些实习生能够按照实习就业一体化的模式，实行所学专业的对口实习，在实习期满后双方可以根据需求和考核结果签订正式的就业协议。学生通过专业对口实习提高了自己的专业能力和实践能力，提高了离开学校步入岗位、专业就业的信心，学生在毕业后找工作的过程中也有了更加广阔的选择空间。

2．校企合作高职院校管理的问题

（1）高职院校理念落后，合作方式单一。目前，高职院校大多在培养人才的过程中坚持一种校企合作、工学结合的人才培养方式。现阶段高职院校与企业双方的合作大多都是以订单班、顶岗实习、共建实习基地等合作方式为主，这些合作方式在合作的内容上还停留在比较浅层的阶段，形式上也比较单一和僵化。同时，实行校企合作的管理模式后，有关部门对各大高职院校进行调查研究后发现，高职院校在学校自身发展，以及合作的过程中会存在自身教育教学观念落后与合作方式单一等问题。学校大都没有根据国家的发展要求制订长远的教育教学规划，即便有规划也缺少与企业合作的方针政策、指导意见和具体的合作方案。同时，高职院校在校企合作方式上，也缺乏一些积极主动创新的想法，不仅在合作的方式和方法上没有创新，而且在教育教学观念上也没有根据企业对于用人需求标准的变化而更新。

另外，在区域经济发展方面，有些高职院校并没有充分意识到可以利用区域的发展优势培养人才，也没有与本地的优秀企业积极进行沟通和交流。在国际交流方面，高职院校更加缺乏科学全面的战略眼光，也没有充分利用学校的教育资源优势，以及所在地域的地理优势进行校企合作。而在人才培养方面，有些高职院校观念较为落后，还是守着以前的老一套教学理念，没有引进一些企业的名师工匠，也较少为学生教授一些理论之外的综合实践知识，自然无法培养适合岗位需求的实用型人才。

（2）校企双方缺乏深度交流与合作，双方缺少互惠共赢的合作意愿。许多高职院校与企业的合作都属于浅层次的，缺乏深度的交流与合作。这种浅层次具体表现为在培养学生的过程中，企业只是为高职院校提供了一个可供实习的场所，但对这种合作模式本身却不够重视，学校始终属于合作中主动的一方。这就导致了合作项目的深度明显不够，项目的预期效果自然也就不是很理想。

①未形成长效运行机制。在产教融合背景下，高职院校校企合作并未形成长效运行机制，这在很大程度上是因为双方之间缺乏深度交流与合作。又因为高职院校的教育教学资源比较匮乏，学校更新增加的知识也有一定的滞后性，学校人才培养也达不到预期的效果。这样在企业需求相应专业的人才时，高职院校却无法直接为企业提供其所需的人才，校企之间的合作没能形成一个闭环，这就导致企业与高职院校的合作意愿有所下降。

②价值目标追求方向上不一致。高职院校教育教学的根本目标是培养高素质的专业技术型人才，是为社会输送各行各业需要的人才，这是教育行业必须放在第一位的“社会效益”。而企业以营利为目的，他们最看重的是“钱”和经济效益，双方在价值目标追求方向上是不一致的，这方面的分歧自然也成为制约校企合作的一个重要因素。据调查，一位企业的管理人员曾提到，培养高素质技能人才的成本比较高，而且当前市场经济下人才的流动性比较大，企业会对部分高职院校学生进行一定程度的培养。但是由于毕业生普遍年龄较小、经验不够丰富且工作稳定性较差，他们往往会因为工作辛苦、离家较远、个人喜好等各方面的原因在自己认为合适的时间选择离职。在这样的情况下，企业为了培养他们所耗费的成本就付诸流水，这也就导致企业损失了一定的经济成本。

③用人标准有着不同程度的差距。另外，高职院校培养的学生在实践能力和工作经验上依然与企业的用人标准有着不同程度的差距。用人单位在招收高职院校学生实习或者毕业入职工作时都需要很长一段时间来培养学生，这期间需要花费企业许多精力和财力，这种用人成本也会导致用人单位不愿意招收应届的毕业生，自然也就无法和高职院校形成较为深入的合作意愿。另外，虽然国家目前将高职院校的重要性一再申明，但社会上还有很多人或者企业单位对

高职院校存在疑虑。有些用人单位会用“差别”和怀疑的眼光对待高职院校学生，会因为学历原因降低高职院校毕业生的工资待遇，这就致使高职院校学生留在用人单位实习、工作的意愿也有所下降。

（3）政府对校企合作没有健全的支持政策。在校企合作的模式下，除高职院校和企业外，还有政府这样一个隐形的大主体。关于校企合作建设实训基地，虽然从中央到地方出台了很多文件，这些文件为学校和企业培养适应市场需求的实用型人才提供了重要的指导意见，但这些文件多是从宏观的层面进行高屋建瓴的战略指挥，在细节实施方面缺少具体的指导。因此，在校企合作模式的实际操作中，企业属于变动较大的一方，他们往往由于市场规律的变化、企业效益和规模的变化、经营主体的改变等因素改变自己的合作意愿或合作方式，这必然给校企双方合作的基础造成很大的影响。

（4）对校企合作平台的监督管理不够规范。对校企合作平台进行监督管理的主体是多方面的，包括政府监督管理、高职院校自身监督管理、企业配合的监督管理、社会组织监督管理、学生家长的监督管理等。如果想要校企合作模式取得良好的预期效果，仅仅靠校企双方自身的努力是不够的，还需要政府的支持及引导，需要学生和教师的全力配合。

高职院校在专业层面的能力毋庸置疑，但这些成果大多在理论层面，包括科研成果或者学术研究成果等。这些权威的研究结果是否能从理论应用到实际形成批量化生产还需要进一步的考核和测评；企业如果将这些成果开发，对于它们是否能够获利也需要进行慎重的考虑。除此之外，在校企合作中还会出现一些有关商品产权、相关利益分配等方面的问题。可以看出，如果没有健全的法律体系和监督机制，高职院校和企业之间进行合作的进度和深度是十分缓慢的。所以，发挥政府这一主体的主导作用，从权威层面为校企合作提供重要的政策和指导方针是十分重要的。

对高职院校来说，我国高等职业教育的相关法律制度数量较少、体系也不够完备，在法律问题规范上和细节方面还有一定的漏洞，这就会导致高职院校在发展过程中缺少法律法规方面的强有力的监督和管理。我国大多数职业院校在教学管理方面有一定的自主管理权，但这种自主性也有其弊端，因为不同的管理者有不同的管理方法，高职院校在不同管理方法和理念的带领下反而会相互掣肘，最终会导致办学方向不一致，同时也会导致办学模式没有一定的标准，高职院校管理效率低下，教育教学质量也会受到影响。

另外，有些高职院校的管理者缺乏较为长远的眼光，还秉承着传统的教育教学理念，不重视学校教学新课程改革、教师实践能力培养以及高等职业教育的内涵式质量发展，在这样的管理者管理下，也会影响高职院校自身的发展，影响高职院校与企业深入合作、发展的进程以及产教融合的进程。

对企业而言，有些企业管理者目光短浅，他们只注重企业生产的效益和利益，只看某个项目能为企业创造多少收入和利润，缺少更高的格局和更加长远的眼光，不重视企业的长效发展。因此也不善于利用校企合作优势平台，不能充分合理利用高职院校实用型人才这一资源，这就导致企业虽然投资较多，但企业对内部员工的培训在理论知识层面和职业素养层面涉及较少，企业的科研学术力量较弱等。

（5）实践教育基地管理方面的难题。校企双方合作的基础是“互利共赢”，双方合作建设实践教育基地，这无论是对教师还是对学生都是一个稳定完善的实习实训基地。有了这一基地，教师的实践教学能力能够得到提高，学生的实践动手能力有了培养和提高的场所。

然而，仅仅有完善的硬件设施是不够的，对校企合作建设的实践教育基地还需要有健全的管理制度。在实践教学环节中，如何开展学生管理，保证学生有序积极地参与到实践教学中是最大的难题。企业在学生进厂后一般会安排专门的工程师帮带，实行“师徒制”管理模式，工程师就像师傅一样手把手教学生从最基本的能力开始培养，带领学生参与企业项目研发的全过程并时时进行指导，推动学生逐步融入企业项目的研发中。经过在实践教育基地的精心培养，绝大多数学生都能够一步步跟上项目开发的进度需要，甚至能够独当一面，成为一个有能力、有经验的毕业生。

但其中存在一个问题，从区域经济发展的角度来看，很多企业所处的位置并不是北上广深这样的大城市，其薪资待遇也不可能像大城市那样高到某种程度。因此，学生在学到本领和技能后却并不愿意留在企业发展，而是毫不犹豫地选择到大城市发展，追求更高的薪资待遇或者更高层次的人生理想。然而这对于企业来说却不是一件好事，甚至苦不堪言，企业耗费大量的资金和人力培养人才，最终却竹篮打水一场空，这使得企业对双方继续合作产生质疑，也为后续学生进厂实习留下了隐患。如何留住学生，既是对企业利益的考虑也是对学校方面管理的考验。

（6）企业参与合作的意愿和动力不足。实践教育基地在建设中实际上是学校的需求大于企业需求，学校比较主动而企业往往比较被动。这是因为企业生产以效益为前提，注重某一个项目能够创造多少收益，且企业处在市场中，受多方因素的制约，因此，它们参与校企合作的内在动力不足。一方面，企业从自身利益角度出发考虑成本收益问题，因此它们对校企合作的意愿不足，认为学校是培养人才的主体，企业没必要也没义务参与到人才的培养过程中，企业只需要在人才市场招聘已经培养好的毕业生就可以了；另一方面，企业功利性比较强，它们不愿意花费时间和精力去慢慢培养学生，且又无法保证耗费巨大的成本培养的优秀学生一定不会跳槽，这一点作为企业的顾虑属于人之常情。今后校企合作建设中，如何找到高职院校和企业双方都认可和满意的合作方式是工作的重点。

目前所指的校企合作，实际上很大程度是依靠人脉和依靠情感的认知来维系，这种维系方式存在很多不稳定的因素，也没有一个相对权威的保障，所以，校企合作还需要双方找到平衡点，既要考虑企业的诉求，又要兼顾学生的实际利益，同时，还要考虑学校的发展，这种平衡点短时间内很难调和。

二、高职院校校企合作管理问题的解决对策

“校企合作、产教融合”是当前高职院校实现人才培养目标的重要手段和途径。因此，解决“校企合作”背景下高职院校管理方面的诸多问题，寻找问题解决的对策，调和学校和企业双方的诉求与实际利益，探索一条校企合作背景下高职院校管理的康庄大道具有十分重要的意义。

1．兼顾理论和实践教学，更新教育教学观念

正确的教育教学观念对“校企合作”背景下的产教融合发展有着十分积极的引导作用，它能够激发学校教育教学管理者的工作积极性和主动性，提高社会对

高等职业教育的重视程度，更好地实现高职院校为社会培养各行各业需要的高等专业技术人才的教育目标。

更新教育教学理念首先要以市场需求和学生的专业发展潜力作为参考，避免出现课程专业设置与社会发展需求脱节的现象，遵循理论和实践相结合的教育原则，开发理论课与实践课相结合的课程体系。例如，教师在授课时可以设置情景，依据专业的工作项目选择对应的实训基地，将课堂引入一线车间，将教学内容引入企业车间进行现场教学。如果场地有限，教师可以在课堂上模拟车间模式为学生进行知识讲解和模拟实践操作。教师讲解完知识理论后，可以让学生亲自动手实践前面所教授的实践操作技巧，一切的教学内容都需以学生为主体，推动学生更多地动手参与到实践中。

高职院校还可以聘请企业的能工巧匠为同学进行专业技术传授、工作经验分享等不同内容的专题讲座，使教师和学生在讲座中学习最新的实践知识，产生初步的岗位体验，从而促进教师对自己教学内容、教学方法的修改完善，促使学生产生对所学专业的向往，激发学生主动学习以提高自身专业能力的积极性。

另外，更新教育教学理念最重要的还有课程改革和教学模式改革方面的设计。在课程改革方面，可以要求教师在实施教学过程中，按照企业的用人标准展开教学活动，讲授相应的专业技能和知识理论，定期调研并根据当前行业的要求和学术的最新变化更新课程内容，保证授课内容适应行业发展变化。同时，学校可以每学年进行深入的教育综合改革，以跟随社会产业发展要求为目的，教职工可以对学校的发展方向、教学模式、课程模式、管理模式等进行深入研究，根据学校实际发展并提出相应对策建议，进而引领学校发展方向。

2．加深校企合作，规范校企合作模式

加深高职院校和企业双方的合作，建设校企合作的实训基地，能够为高职院校的产教融合提供直接动力。高职院校要建立健全校企合作长效机制，实现产教融合的办学方式，这需要高职院校与社会组织之间建立必要的联系，避免高职院校教育教学与社会脱节。因此，要促进校企合作长效机制的建立，必须要加深校企合作，规范校企合作模式。

校企合作要加深合作力度，建立长效机制，最重要的是要在学校和企业之间找到双方利益的平衡点，调和双方的诉求。即高职院校不能单单从自身发展和学生发展的角度考虑问题，而应在制定相关发展战略时充分考虑到自身和企业的共同利益，要时刻与企业交流沟通，在不影响或损害双方各自利益的情况下更好地求同存异、实现校企双方的互利共赢。经济学理论中提到，合作关系中的各方都是以经济利益为目的，各方合作都以自身需要为出发点，校企合作中的双方也是如此。所以，在校企合作中，高职院校不仅要全力培养高素质实用型人才，还应依托校企合作的沃土，提高学校自身的办学实力，并在此基础上充分考虑企业的利润，最终实现高等职业教育与企业合作的双赢，在合作中提升企业的发展内涵和自身价值。

加深校企合作要求高职院校对合作事宜高度重视，加强与合作企业全方位的沟通和交流，如引企业入校建立二级产业学院。建设二级产业学院需要坚持校企共建、资源共享的原则，通过校企双方联合实施教育教学活动，共同组建产业研究中心，开展企业和高职院校优秀人才的良性互动，共享优秀的人才资源、理论资源、技术资源和教育资源，在校企双方深度合作的过程中达到双方的人才互通、资源互通和利益共享，这样才能使校企合作实现“1+1>2”的效果，形成合力，共同为区域经济发展贡献出自身的价值和力量。

与此同时，高职院校在和企业合作的过程中，首先要清楚企业需要的是什么类型和能力特点的复合型人才，什么样的人才又是企业真正的需求。校企合作要想改变合作层次较浅、企业合作意愿不够深刻的局面，高职院校就需要加强自身的建设，在科研上不要一味闭门造车，而要时刻关注相关产业的需求和企业发展的需要，将理论研究深入实践行动上，不断推动学生参与企业的产品开发研究。

在加深校企合作之外，要想建成长效的校企合作机制，还需要对校企合作模式进行统一规范。在充分照顾企业利益的基础上，充分发挥系部和基地负责人的主观能动性，以企业需求为主兼顾学生利益。在实训基地，学生以学徒身份参与企业项目开发，在尊重师傅的前提下虚心学习，逐步掌握专业技能、建立符合校企双方利益的共建模式，避免实践教育基地出现虎头蛇尾、半途而废的局面。双方的要求和义务在校企合作协议中都有着非常详细的规定，但是这项协议的执行需要双方表现出诚意和解决问题的信心。通常情况下，在校企合作中学校的需求必定会大于企业的需求，这就要求学校放下架子，主动出击，为学校与企业之间长期稳定的合作打下基础。

3．多元育人，建立“学校—二级学院—基地”三级管理模式

学校是校企合作实践教育基地中的校方主体。在基地的政策、资金、管理以及服务上有着很大的责任，校企合作能不能建立长效合作的机制、能不能实现有效的管理效果，是决定基地建设能否长远可持续发展的根本。学校通常会在校企合作的政策和制度上实施有效的监督和管理。系部是校企合作实践教育基地的主要执行者，负责执行基地的规划、方案和管理细则与规章制度，负责协调实践教师管理和学生管理，协调校方人员与企业所派人员的关系，在照顾企业利益，维持校企双方继续深入合作等方面都有着不可推卸的责任。实践教育基地的负责人要把教研室主任、企业工程师、优秀学生三方有效地组织起来，为了保障校企合作的实践教育基地的合理运行，负责人要为基地建设和发展提供良好的学习、工作和生活环境。

在“学校—二级学院—基地”的三级管理模式的运行中，尤其以系部项目负责人的作用最为重要，项目负责人要充分发挥主观能动性，在校企双方合作的过程中起到沟通的桥梁作用，积极解决合作过程中出现的各种困难和问题，维系双方合作的利益基础，做好实习学生的思想工作和培养工作，帮助学生戒掉急躁冒进的不良情绪和习惯，将所有的精力放在专业技能培养上来。

4．加强对校企合作的监督管理

职业教育的长远发展需要政府、行业、高职院校、企业等多方的共同努力，与此同时，多方主体共同构成了职业教育命运共同体。促进职业教育共同体的发展，必须保证高职院校校企合作的长期发展。因此，各方主体都需要努力履行各自的责任。最重要的是要加强监督管理，包括政府层面、高职院校和企业层面。

（1）政府层面。政府要发挥主导作用，加强对校企合作的监管作用，要更加完善相关法律政策，对高职院校与企业合作中涉及利益分配等方面的问题进行必要的法律约束。同时，政府在制定相关政策和法律时也要明确高职院校和企业各自承担的责任及对双方的优惠待遇等。可以看出，政府制定的政策法规既具有规范主体行为的作用，还具有确定利益分配标准的功能。

（2）高职院校。高职院校要加强自身管理，增强自身实力和竞争力。在产教一体化和校企合作机制运行中，高职院校要不断提高管理和监督能力。高职院校的管理与监督体现在体制机制建设、课程教学模式改革、专业设置等方面。在教学管理中，学校领导要不断学习领导管理知识，其他教师要规范教师的教学能力和管理能力。在教学课程改革方面，要紧跟国家和地方产业的需要和发展，按照国家的重大政策，进行切实可行的改革。在专业设置上，要与产业相结合。在专业教学中，要加强对学生实践能力、职业道德的培养，不断更新和丰富教学内容。在教师能力培养方面，要注重双师型教师的培养，提高其科研能力和服务企业的技术能力，为教师提供与企业接触、安排教师到企业实习的机会。在自身管理方面，高职院校要不断加强内涵建设，突出特色发展，密切与企业、行业的联系，坚持产学研合作发展。

（3）企业层面。企业要提高校企合作的内在动力，强化与高职院校合作的意愿。与此同时，企业自身要提高对产教融合、校企合作方面的认识，要将眼光放得长远，要认识到企业与高职院校的深度合作是对企业和高职院校未来发展都会产生潜移默化的影响，它不仅有利于企业员工综合素质的提高，还有利于促进企业内部个人和团体的实力增强。

在产教融合的背景下，构建校企合作的长效机制是高职院校的重要任务，也是促进国家和地区经济发展的重要途径。要积极深化产教融合、校企合作实践，培养更多高素质复合型人才，进而促进高等职业教育与产业企业共同发展。

第二节　新媒体视角下的高职院校管理工作

一、新媒体与高职院校管理工作的适配性

与传统媒体相比，新媒体是传统媒体的延伸，它是在广播、报刊等传统媒体

之后发展起来的数字、网络通信媒体，它主要通过手机和计算机等电子工具向用户提供需要的各种信息。手机或者网络用户不但可以在新媒体平台上自由平等地发表自己的言论，还可以参与任何自己感兴趣的问题的讨论，任何人对新媒体的使用都不受时间与空间的限制。

手机和计算机用户可以通过互联网，在新媒体平台上更加及时、有效地获取各种信息。高职院校的学生都是年轻人，基本上都接触过新媒体，他们可以随时随地地使用新媒体与人联络，还可以直接在网络上获取自己需要或者感兴趣的知识，在拓展自身知识面的同时，也可以弥补课堂教学上的空白。但是由于高校大学生正处于价值观逐渐成熟和定性的时期，极易被网络上的负面信息所影响，所以高职院校管理人员（如教师和辅导员）应该正确面对新媒体背景下的挑战与机遇，并提出具有可行性的精细化教学管理理念，帮助学生树立正确的价值观念。

党的十九大报告指出，要加强互联网内容建设，建立网络综合治理体系，营造清朗的网络空间。大学生作为互联网的主要用户群体，应树立网络思维，不断提高网络文明素养，通过网络弘扬正能量，保护网络精神家园。对于学生教育管理者来说，如何更好地推进网络教育和网络培养，是摆在他们面前亟待思考和实践的问题。习近平总书记强调，要用新媒体、新技术做好工作，弘扬思想政治工作传统优势和信息技术高度融合，增强时代感和吸引力。因此，在教育管理中，高职院校教育管理者应树立合理、正确利用新媒体开展学生教育管理工作的观念，培养具有网络道德的学生，使其具有新时期的网络意识与网络能力。

新媒体是指采用网络技术、数字技术、移动通信技术等技术和手段进行信息传递与接收的传播载体。其应用形式主要有三大类：第一类是互联网新媒体；第二类是移动终端（手机）新媒体；第三类是数字电视新媒体。据调查，我国网民数量占比十分高，其中 20 ～ 29 岁年龄段的网民数量更多。而在中国新媒体使用者的职业结构中，也是学生群体规模最大，占比达到 1/4 左右。微信朋友圈、QQ 空间等即时通信工具及其所衍生的半公开的社交平台的用户使用率更是超过了 90%，网络游戏用户规模也随着时间的推移和网络技术的不断更新换代而逐渐扩大。

随着信息技术的飞速发展和移动互联网应用的普及，传统的教育模式受到了强烈的冲击。互联网已经成为青少年获取信息的重要途径。在网络信息时代，教育管理者应该认识到网络给学生教育和管理带来的新渠道和新手段。教育管理者要与时俱进，利用好 QQ、微信、微博等新媒体，开辟新的教育管理模式，确保学生教育管理工作与时俱进。

1. 新媒体在高职院校教育管理工作中的重要作用

习近平总书记在 2016 年 12 月的全国高校思想政治工作会议上曾经强调：高校思想政治工作要坚持将立德树人作为中心环节，将思想政治工作贯穿教育教学的全过程，推动思想政治工作传统优势与信息技术高度融合，要学会运用新媒体和新技术为思想政治工作注入活力，增强时代感和生命力。因此，高职院校教育管理者要重视新媒体在促进教育管理工作方面的重要作用。

（1）新媒体能够提升学生的媒介素养，培养高素质人才。所谓媒介素养是现代公民的基本素质，是指公民了解媒介的特性和功能，对媒介传播的信息做出判断，利用媒介或者媒介传播的信息为学习、工作和生活服务的能力。媒介素养教育起源于 20 世纪 30 年代的英国，当时媒介素养的教育目的是教会学生抵制媒体中的大众文化价值观，培养青少年抵制大众传媒中的低俗文化。我国媒介素养教育发展相对比较滞后。2016 年 9 月，我国公布了“中国学生核心素养”框架，首次提出学生在社会学习中应具备信息意识和信息技术素养，包括信息技术基础知识、信息收集、信息选择、信息获取、信息选择等。随着传播学、电子媒体和国际社会的发展，媒介素养教育的范围日益扩大，其重要性得到越来越多国家的认可。

目前，在中国，媒体已深入每个人的生活中。然而，公民的媒介素养却不容乐观，学生是新媒体用户的重要群体。提高他们的媒介素养不仅是个人综合素质的要求，还是创造和维护良好的多媒体环境的需要。因此，高校和学生教育管理者要深刻认识和履行人才培养与社会服务的职责，提升学生的媒介素养，培养有素质、有教养、有理想的高等专业人才。

（2）新媒体能够帮助学生树立文化自信。在推进我国全面建设小康社会、发扬工匠精神的当今形势下，高等职业教育肩负着培养高素质技能型专门人才的使命，这对于传承和发扬我国大国工匠的品质有着重要的意义。高职院校学生不但要具备职业技能，而且要具备以德为先的基本素质。由于高职院校学生都还处于人生观和价值观逐步建立和稳固的过渡时期，他们在接受外来先进文化时理解和吸收的速度很快，但这也就导致他们会面临一些低俗、不健康的糟粕，甚至可能被反动言论攻击或者迷惑，他们的思想和行为很容易受到网络文化作品所传递的价值观的影响（无论这种价值观是正确还是错误的）。

据中国互联网络信息中心的调查数据显示，截至 2018 年 12 月，作为二次元文化传播载体的网络小说、视频、游戏的青少年用户规模已经突破2亿。沉溺于第二世界的青少年可能会出现一些问题，如思想偏激、虚拟偶像崇拜、缺乏生存感，甚至对现实世界失去兴趣，从而导致心理疾病。有一个事例就是这个现象的真实体现，即 2017 年从俄罗斯引进，在中国各大 QQ 群、微信群流行起来并引发全世界关注的俄罗斯死亡游戏——“蓝鲸游戏”。这个游戏通过互联网迅速形成“维特效应”，造成了极其严重的后果。尤其是大一年级的学生刚从紧张、规律的高三生活中“解放”出来，突然拿到了梦寐以求的手机或者电子产品，在面对无限诱惑的互联网信息时，他们很容易在庞大的信息量的冲击下缺乏理性思考和判断的能力。因此，教育管理者应对大学生进行正向的引导。

正确的引导对于学生的思想和行为的建设十分重要。教育管理者可以结合传统媒体的节目，如央视节目《开讲啦》《中国成语大会》《中国诗词大会》《朗读者》《见字如面》等风靡全国的文化类节目，还有新华社、中国政府网官方微信号推送的传播我国先进文化的文章或视频，引导学生关注内容、思想正确、形式多样的媒体产品，要在学生中开展学习教育，以班会、支部会、党课等形式进行集体学习和讨论。

（3）新媒体有助于开展党建工作，传递正能量。很多高职院校的学生高考中是在最后一批被录取的，他们的综合素质要弱于本科学生。一些高职院校学生对党的认识不足，入党动机不当，党性不纯洁。由于高职院校教育体制的特殊性和“2+1”实习班或订单班的实施，对入党积极分子的教育培训不够充分和连贯。新媒体的广泛应用，在一定程度上为沟通、监督提供了平台。

在推广过程中，教育管理者通过 QQ 群或微信群对被推荐人进行宣传，所有分支机构成员均可在第一时间提出异议。教育管理者可以在创先争优后建立一个积极的沟通小组，实现师生之间“一对一”的直接沟通。如在郑州信息技术职业学院学生党建工作中，责任教师推送“河南日报”“两学一作”官方微信公众号，开展网上思想报道。即使学生在实习结束后离开学校，他们仍然可以相互交流。

2．新媒体为高职院校学生管理工作带来的机遇与挑战

新媒体蕴含着丰富的信息，是学生获取信息的主要载体。与传统媒体相比，新媒体具有传播速度快、信息传播范围广的特点。它可以丰富学生的知识，开阔视野，发展思维，促进学生综合素质的发展。在高职院校学生管理中应用新媒体，可以缩短学生与学校的距离，增强学生对学校的认同感，引导学生形成良好的思想品德，树立正确的人生观、价值观和道德观，为学生的未来发展打下基础。

所谓机遇，就是说随着时代的发展，互联网技术传入万家，信息网络已经覆盖了全球，“地球村”的设想正在一步步变为现实，新媒体所蕴含的信息量也随之覆盖全球。新媒体的传播速度十分快捷，它能够让学生在很短的时间内掌握来自世界各地的海量信息，不断开阔学生的视野，丰富学生的见识。

高职院校将新媒体技术应用到学生管理工作的开展中，能够极大地提高学生管理工作的效率，使管理工作更加迅速和便捷地开展。另外，新媒体中蕴含着丰富的德育知识，学校可以应用新媒体技术对学生开展德育教育和思想政治教育，让学生不断受到德育知识的熏陶，在潜移默化中影响学生的世界观、人生观和价值观，引导学生形成良好的思想品格和道德修养。

所谓挑战，就是说新媒体以网络为信息载体，学生可以通过新媒体在网络中搜索获得自己想要的各种信息。但是网络中的信息库十分庞大，其中蕴含的信息良莠不齐，网络上的人也鱼龙混杂。有许多不法分子与居心叵测的人都会在网络中传播不良思想与非法言论，学生正处在“三观”形成和定型的关键时期，很容易受到这些不良思想与非法言论的影响和动摇。同时，由于国家还未针对新媒体出台相关专门的法律，很多传统行业和领域的法律都不适用于新媒体行业，网络似乎成为一个“法外之地”，国家和组织难以对网络上人们的言行进行约束和监管。

在新媒体上的个人网络行为只能靠自身的道德观来约束，这使得新媒体中不负责任的言论与言语中的冲突时有发生，很多人在网络上有着很深的戾气，网络暴力频频出现，经常会出现因为网络暴力受到伤害的人，这种种问题都将严重冲击着学生的道德观。若是学校不注意对学生使用网络加以防护，就容易影响学生的观念，给学生造成思想上的冲击，使得学生难以形成良好的思想品格，影响学生未来的发展。

二、新媒体在高职院校管理工作中的应用

新媒体因其具有以新技术为载体、以互动化为核心、以平台化为特色、以人性化为导向的特点而受到很多高职院校的青睐，在高校教学管理工作中体现出实用性、广泛性、便捷性的优势。

1．新媒体下高职院校辅导员的工作

（1）新媒体下高职院校辅导员工作面临的挑战。随着新媒体时代的到来，人们传播信息和接受信息的速度都变得十分迅速，信息交通的便捷性使得高职院校辅导员的工作得到了快速的发展。与此同时，多元、多渠道的信息已经打破了以往官方信息渠道和内容的权威性，而高职院校的学生正处于“三观”成熟和定型的关键时期，还不能及时识别和排斥部分错误的价值观念。新媒体背景下，各种信息的传播仍然呈现出随意性、无屏障性的特点，对现阶段的高职院校学生而言，这无疑是一个很大的挑战。并且由于所有人都能够在新媒体网络上随意发表言论，所以，新媒体也在一定程度上加大了高职院校辅导员管理工作的难度，导致高校学生的管理工作越来越复杂，给新时期高校辅导员的精细化管理工作带来了较大的挑战。

（2）新媒体下高职院校辅导员工作精细化管理的具体措施。

①要借助网络技术搭建起新媒体互动平台。在传统的班级管理中，辅导员往往倾向于采取与学生面对面交流的方式，以便及时观察学生的表现。但随着新媒体的出现，越来越多的学生开始依赖新媒体平台。因此，辅导员要

充分利用新媒体的优势，构建以精细化管理为基础的工作网络体系，及时解决学生生活和学习中遇到的问题，进一步推动辅导员精细化管理的发展。同时，由于高职院校学生主体意识较强，辅导员可以结合学生实际情况，通过建立QQ群、微信群等方式，不断开展多元化活动，与学生深入沟通，及时掌握学生的思想动态，增强学生的自我认同感。同时，可以帮助学生树立正确的人生观和价值观，不断增强当代学生的使命感和责任感。

②要推动实行学校“区格化”的管理模式。在实际的教学管理工作中，高职院校应根据实际工作情况，结合学生的学习、生活和心理状况，建立相应的数据库，并根据建立的数据库进行差异化的自我指导。通过新媒体技术平台，将在校学生的所有数据进行整合和归档，并有计划地利用新媒体渠道与学生进行交流。然后，根据学生交流后的心理需求，以文字的形式相互反馈，从而真正实现零距离交流。只有实现辅导员与学生之间的“心连心”沟通，学生才会信任辅导员，与辅导员合作，积极交流自己的问题。辅导员还可以依靠学生的信任，引导学生克服困难，提高自我管理的意识和能力。

③可以运用新媒体平台加强对学生的教育。高职院校辅导员在进行精细化管理时可以根据入学时建立的学生信息数据库构建针对性的管理体系，其中应包括学业指导、生涯规划、就业指导与活动开展等相应内容。与此同时，辅导员在管理学生时，要密切关注学生的生活和学习动态，实现辅导员与学生的实时互动。比如在学生职业生涯规划管理中，可以从学生自身的能力、兴趣和职业兴趣出发，引导学生根据专业发展前景制订最适合自己的职业生涯规划，鼓励学生根据自己的专业和爱好积极参与校园活动，提高综合素质，还可以利用新媒体平台及时预防和处理班级危机事件，利用高效快捷的信息反馈渠道，及时介入班级危机事件。

④通过班级信息化平台开展精细化管理。学生基础信息数据库的建立是辅导员开展精细化管理工作的前提与基础。因此，高职院校的辅导员在进行学生管理工作的过程中，应该充分利用新媒体技术，建立学生数据信息管理系统，其中应包括学生基本信息、奖勤助贷、成绩查询、日常管理、心理健康教育与学生综合评价等内容。辅导员还应根据模块对学生信息进行分类，实现精细化管理。而且，随着手机、计算机使用频率的增加，辅导员应在建立学生数据平台的基础

上，充分利用QQ群、微信群等方式，为师生互动提供平台，并在及时了解学生心理状况的基础上进行管理。

2．新媒体下高职院校的安全教育管理工作

目前，随着网络和信息技术的发展，学生可以使用手机、计算机等设备进行网络游戏、购物、网上贷款等，极大地方便了学生的生活和学习，新媒体已经成为学生日常生活中不可缺少的一部分。然而，新媒体带来的一些恶性事件，如裸贷、网络暴力、网络诈骗等，不仅对学生的安全和成长造成危害，还给高职院校的教育管理带来了极大的负面影响。层出不穷的网络恶性事件促使高职院校教育管理部门进一步加强学生的安全教育和防范意识，做好教育管理工作。

（1）新媒体视阈下高职院校学生安全教育管理工作面临的挑战。

①安全教育模式方面的挑战。在传统的安全教育中，高职院校安全教育管理部门通常采用班会授课的方式，教师通过讲解安全防护知识，向学生“灌输”安全观念。这种教育模式相对落后，使学生很难从根本上认识到安全防护的重要性，其教育价值也很小，学生仍然深受网络安全问题的影响。

虽然网络上有一些安全知识的推广和传播，使学生可以从这些网站或应用程序中获得一定的安全防护知识。但是网络安全防护知识内容复杂，形式多样，利弊模糊。对于不成熟的学生来说，很难判断其是否正确合法，甚至有些平台为了吸引流量，设置一些非法内容误导学生，造成非常严重的后果。因此，高职院校在安全教育模式上仍面临着巨大挑战，需要创新教育模式，提高学生的安全意识。

②安全教育内容方面的挑战。新媒体的应用将信息传播的速度推向了一个新的高度。学生可以通过移动设备随时随地获取大量信息，如企业发布的商品促销活动信息、社交网站发布的个人信息、贷款公司发布的贷款服务信息等。这些信息充满了巨大的安全风险。一些企业或公司为了谋取私利，通过新媒体肆意投放虚假广告进行宣传，种种欺诈行为层出不穷。然而，高职院校学生思维简单，经验不足，容易陷入虚假信息的陷阱，造成无法弥补的危害。

例如，一些学生通过社交媒体发布一些个人信息，以扩大社交圈或与志同道合的人交朋友。通常情况下，社交软件承诺对用户的个人信息保密，不会恶意泄露任何内容。但是，一些学生对安全性认识不够深入，盲目相信这些虚假信息，致使其个人信息被无良商家恶意利用，也给他们的学习和生活带来了不良影响。因此，在高职院校的安全教育管理中，要引导学生区分正确信息和错误信息，加强对虚假信息的监督管理，及时更新安全教育内容，与时俱进，满足学生安全教育的需要，也是高职院校安全教育管理部门面临的挑战。

③安全教育工作者面临的挑战。在现代教学环境下，不仅是安全教育的内容和模式发生了变化，高职院校安全教育管理人员的工作内容还需要进行相应的改进。无论是在安全教育管理的工作强度还是工作质量上，他们都面临着许多挑战。新媒体的开放性和便利性使学生容易受到网络虚假宣传、暴力图片和色情出版物或色情音视频的冲击，严重影响高职院校学生的身心健康发展。

面对频发的校园安全问题，高职院校安全教育管理部门需要考虑一系列问题，包括如何有效利用新媒体技术推进安全教育，如何保护学生人身和财产安全不受犯罪分子的危害，如何科学合理地调整安全教育的内容和方式，以应对新的风险。同时，高职院校安全教育和管理工作者需要不断更新知识储备，学习新媒体技术，提高分析和解决问题的能力，以应对新媒体视阈下安全教育和管理的挑战。

（2）应对新媒体视阈下高职院校安全教育管理工作挑战的策略。新媒体时代的到来对高职院校学生的人身安全构成了一定的威胁，同时，也给高职院校的安全教育管理部门带来了各种挑战。学生的安全问题关系到学校的社会影响。因此，探索提高高职院校学生安全教育管理水平的有效途径已迫在眉睫。高职院校学生安全教育管理部门可以从以下几个方面加强对学生的安全教育，增强学生的安全意识，避免安全隐患。

①加强新媒体技术在安全教育管理工作中的应用。高职院校在对学生进行安全教育管理时，应充分利用好信息技术和新媒体这两把双刃剑，管理部门可以在宣传校园安全知识的过程中，灵活地运用新媒体技术，把握新媒体技术的特点，研究新媒体的传播规律，推动学校安全教育管理工作有序进行。高职院校可通过以下两个方面来推进相关工作：

一方面，就高职院校目前的安全管理工作开展情况而言，安全教育的效果是非常不理想的，为了更好地做好新媒体视阈下的安全教育工作，高职院校应制定完善的安全教育机制，为安全教育管理工作提供完备的制度依据，确保充分发挥新媒体技术在安全教育管理中的作用。

另一方面，学生在复杂的网络环境中容易上当受骗或者被误导和诱导的其中一个重要因素是，他们获取安全信息的渠道有限。为此，高职院校学生安全教育管理部门应该为学生提供信息服务，筛选正确的、科学的、合理的、符合学生需求的信息提供给学生。另外，高职院校安全教育工作者还应关注时事，研究当下热点信息和资讯，把握这些信息的方向，利用新媒体技术引导学生获取安全的信息。

②创新高职院校的安全教育模式。现阶段，高职院校采取的安全教育模式以“说教”为主，教学气氛相对沉闷，学生参与的积极性不高，学生对安全教育的重视程度不高。因此，高职院校的安全教育管理效果不佳。

为提高安全教育质量，高职院校可以采取多种教学模式，在教学过程中融入游戏或角色扮演，营造轻松愉快的氛围，激发学生学习的积极性，增强学生的参与性，使学生不自觉地吸收安全教育知识，增强安全意识。

例如，在网络诈骗案件教育过程中，教师可以将学生分为群众和网络诈骗者。通过编造故事、威胁和恐吓，欺诈组的学生可以理解一些欺诈惯例和欺诈模式。当学生在现实生活中遇到同样的情况时，他们将能够理解一些欺诈的惯例和欺诈模式，能够明智地处理它，避免其危害。另外，高职院校还可以组织安全教育知识竞赛，让学生在备战比赛的过程中充分吸收和理解安全知识。此外，学校还可以有效利用多媒体技术，以校园广播或视频直播的形式，向学生展示诈骗或其他恶性事件的案例，让学生深刻认识安全教育的重要性，提高应对安全问题的能力。

③将传统安全教育与新媒体传播模式结合起来。以往很长一段时间里，高职院校都采用传统的安全教育模式，即以教师授课为基础，学生被动地吸收相关专业知识，而新媒体传播模式则是依靠传播平台来传播信息，两者之间既有区别又有联系。这两种安全教育模式在各自领域都有一定的优势，发挥了一定的作用。在传统模式下，教师对安全知识的专业掌握能力较强，能

够控制安全教育的形势。新媒体传播模式新颖、传播效率高、受众广泛等优势，使安全教育的实施更加重要。因此，高职院校可以将这两种模式结合起来开展安全教育，可以充分发挥两者的优势，避免彼此的不足，使安全教育工作更有效率。

总而言之，在新媒体技术的推动下，高职院校的学生安全教育管理工作在内容上、模式上、形式上，以及工作人员的理念和水平上都需要进行改进和提高。要想做好安全教育管理工作，高职院校需要以坚定的信念面对这些新媒体给予我们的新挑战。同时，要合理地运用多媒体技术，探索提升安全教育管理工作的途径。安全教育管理工作者也需要积极提高自身的专业素养水平，创新安全教育管理的模式，鼓励学生主动积极参与到安全教育中，实现安全教育知识的有效传播。

（3）新媒体视阈下高职院校学生管理的工作新方法。

①利用新媒体技术开展德育工作。高职院校学生思想品德的培养关系到学生的未来发展，是管理工作的重中之重。新媒体蕴含着丰富的德育资源。新媒体在德育中的应用，能让学生眼前一亮，吸引他们的注意力，激发他们的学习兴趣，调动他们的积极性，使他们积极参与德育工作，使德育工作得以顺利开展，引导学生树立正确的人生观、品质观和发展观。例如，为了开展德育，培养学生的思想品德，班主任可以利用新媒体召开以“正确使用互联网，避免网络暴力”为主题的班会，用丰富的图片和文字向学生展示网络暴力对人的危害有多大，吸引学生的注意力，使学生认识到网络暴力的危害性，以规范自己的行为，关注自己在网络上的言行，为根除网络暴力做出贡献。通过运用新媒体进行德育，使学生更直观地认识到良好的思想品德对自己和他人的重要性，引导学生形成良好的思想品德，促进学生综合素质的发展。

②利用新媒体构建师生交流平台。通过新媒体，学生可以获得更多的知识和回答自己的疑问。然而，新媒体为学生提供了一个更广阔的知识平台，但并不能帮助学生理解知识。学生只能自己理解和消化信息和知识，这给学生学习新知识造成了很大的障碍。学校可以利用新媒体为师生搭建一个信息交流平台，为学生的学习提供便利，让学生在遇到自己不理解的知识和问题

时，可以通过交流平台与其他学生进行交流和讨论，也可以直接让教师帮助解疑释惑，从而达到提高学生学习知识的效率，让学生在相互交流中共同成长。例如，学校可以让全校师生以班级为单位建立微信群，让学生以班级为单位，在微信群中交流和讨论相关的学习问题，提高学生的学习效率；当学生遇到无法通过讨论解决的问题时，他们也可以向教师请教，无形中会打破师生之间的隔阂，使学生习惯于教师的存在，增进师生关系。

参考文献

［1］罗忆南，李勇男．高校管理创新与实践［M］．北京：新华出版社，2014（1）：175–179.

［2］陈晓晖．高校学生管理中的知识共享研究［M］．北京：科学出版社，2016（1）：66–68.

［3］苏志武．高校管理纵横［M］．北京：北京广播学院出版社，1999（1）：112–115.

［4］邵积荣．高校管理百思［M］．贵阳：贵州大学出版社，2016（1）：31–36.

［5］李晓慧，王文博．高校教学建设与管理［M］．北京：化学工业出版社，2016（1）：39–45.

［6］王振洪．高职院校管理文化及其创新策略研究［M］．杭州：浙江大学出版社，2017（1）：99–113.

［7］李晓红．高校师资管理新探（第15辑）［M］．夏门：厦门大学出版社，2014（2）：100–104.

［8］姚会彦，陈炳，高猛．高校日常教育管理新论：基于交叉思维的专题研究［M］．杭州：浙江大学出版社，2013（2）：13–16.

［9］林静，陶爱萍．普通高校学籍管理制度建设研究［M］．杭州：浙江大学出版社，2012（3）：57–63.

［10］陈阳．高校教学管理与教学方法研究［M］．兰州：甘肃人民出版社，2009（2）：47–49.

［11］邹松建．高职院校教师人力资源管理［M］．成都：电子科技大学出版社，2009（2）：61–65.

［12］赵丽芬．高级管理学［M］．北京：清华大学出版社，2009．
［13］斯蒂芬·罗宾斯，玛丽·库尔特．管理学［M］．13 版．北京：中国人民大学出版社，2017．
［14］刘欢．加强新时期高职学生安全教育与管理的探讨［J］．教育现代化，2018（29）：251–252．
［15］刘兴耘．中高职学生安全教育审视及对策探究［J］．学周刊，2019（10）：32．
［16］陈英英．X职业技术学院校园安全管理问题与对策研究[D].河北师范大学，2019．
［17］唐永鑫．基于以人为本思想的高职院校学生管理工作［J］．科技风，2019（33）．
［18］唐小芬．基于“以人为本”理念构建大学生职业发展教育体系的思考［J］．职业时空，2009（4）：36–37．
［19］程皓．以人为本观念在高职院校学生管理工作中的实践探究［J］．佳木斯职业学院学报，2018（12）：41，43．
［20］刘洁．人力资源管理视角下高职院校系（部）师资管理探讨[J]．河南建材，2020（01）：149–151．
［21］夏文，李显艳．大数据背景下高职院校人力资源管理课程教学改革研究［J］．现代经济信息，2019（21）：352–353，356．
［22］易明．人力资源管理视角下的高职院校人事制度改革研究［J］．中国多媒体与网络教学学报（中旬刊），2019（10）：97–98．
［23］王向前．校企合作视域下高职院校教师人力资源开发研究［J］．中小企业管理与科技（中旬刊），2019（06）：72–73．
［24］王英．高职院校人力资源管理数字化课程的创新构建方法［J］．科技创新导报，2019，16（11）：187+189．
［25］郭芳华．高职院校科研项目人力资源管理中绩效管理存在的问题和解决方案［J］．劳动保障世界，2018（36）：4–5．
［26］李军梅．基于实际工作岗位的“人力资源管理”课程教学改革思考［J］．

佳木斯职业学院学报，2018（09）：3-4.

[27] 郭志银．信息化条件下优化高职院校人力资源管理工作的有效策略研究［J］．吉林工程技术师范学院学报，2018，34（03）：19-21.

[28] 张云梅．高职院校基建工程财务管理关键环节存在的问题及对策［J］．会计师，2018（15）：28-29.

[29] 杨桂璞．职业学校财务管理存在的问题及对策分析［J］．中小企业管理与科技旬刊，2017（3）：45-46.

[30] 韩宇堃．浅析高校财务管理中存在的问题及对策［J］．知识经济，2018，479（21）：156-157.

[31] 吴新，时莉．高校财务管理信息化建设中存在的问题及对策分析［J］．财经界（学术版），2018，489（17）：101.

[32] 谢佳佳．示范高职校内生产性实训基地管理模式探讨［J］．中小企业管理与科技（上旬刊），2014（06）：266-267.

[33] 楼海华．以信息化平台建设为依托的实训基地教学考核模式创新与实践［J］．科教文汇（中旬刊），2015（2）：86-87.

[34] 黄敏，梁春辉，李荣喜．关于高职院校内实训基地建设及效能优化的探析［J］．广东职业技术教育与研究，2018（5）：160-163.

[35] 贺彩玲，张玉静．校内生产性实训基地管理模式与管理机制探索［J］．教育与职业，2014（2）.

[36] 黄锦祝．高职校内生产性实训基地管理模式与机制创新［J］．教育与职业，2011（2）.

[37] 童卫军．校内生产性实训基地建设与运行模式的研究［J］．中国大学教学，2011（8）.

[38] 赵健，孙永翠，马雪．高职院校学生信息管理系统存在的问题及对策［J］．青岛职业技术学院学报，2017，30（04）：33-37，82.

[39] 樊扬祖．高职院校管理信息系统“瘦”平台方案分析［J］．中国教育信息化，2018（11）：81-83.

[40] 邹艳丽．高职院校信息化办公过程中存在的问题及对策分析［J］．电脑

知识与技术，2018，14（15）：299-300.
［41］潘海生. 高职院校就业工作信息管理系统研究［D］. 成都：电子科技大学，2010.
［42］吴颖. 高职院校学生党团信息管理系统的设计与实现［D］. 上海：华东师范大学，2010.
［43］陈俊杰. 四川职业技术学院财务管理信息系统设计与实现［D］. 成都：电子科技大学，2011.
［44］杨朝晖. 职业院校学生个人信息管理现状调查与分析——以天津医学高等专科学校为例［J］. 职业教育旬刊，2016（11）.
［45］崔行臣，赵佟，颜景佐. 数字化校园中信息资源整合和共享平台建设研究［J］. 山东广播电视大学学报，2015（6）.
［46］王益. 高校数字化校园中的信息共享与交换研究［J］. 中国教育信息化，2012（11）.
［47］欧娜. 高职院校学生宿舍安全管理探究［J］. 才智，2018（8）：24.
［48］刘欢. 加强新时期高职学生安全教育与管理的探讨［J］. 教育现代化，2018（29）：251-252.
［49］刘兴耘. 中高职学生安全教育审视及对策探究［J］. 学周刊，2019（10）：32.
［50］钱瑜. 现代学校安全教育研究［J］. 继续教育研究，2012（10）：97-98.
［51］王建秋，王晓燕. 加强高职院校学生安全教育的探讨［J］. 潍坊高等职业教育，2010（1）：32-34.
［52］魏斌. 谈高校校园安全教育［J］. 教育探索，2012（4）：95-96.
［53］裴劲松，高艳，邓小凤等. 着力构建大学生安全教育立体新格局［J］. 中国高等教育，2009（Z2）：75-76.
［54］李峰. 针对高职院校学生特点做好学生安全教育工作［J］. 教育与职业，2009（12）：154-156.
［55］陈华. 新媒体环境下高职院校创新管理模式探索［J］. 高职教育研究，2018（03）：45-46.

[56] 禹万林．新媒体时代高职院校教学管理创新研究［J］．传媒论坛，2018，（07）：39-40.
[57] 王艳．新媒体时代高校教学管理创新探究［J］．黑龙江科学，2018，（05）：62-63.
[58] 金文涛．高校学生管理的传统与现代理论基础［J］．教育研究，2011（18）.
[59] 周利玲．基于“校企合作”共同构建高技能人才培养新平台［J］．人力资源开发，2011（27）.
[60] 闫晓前．高职院校校企合作背景下学生管理模式创新探析［J］．职业技术，2017，16（05）：35-37.
[61] 张贤．校企合作形势下高职院校学生教育管理工作浅析［J］．时代教育，2016（16）：80.
[62] 孙小恒．高职院校“校企合作”模式下学生教育管理模式的构建探索［J］．当代教育实践与教学研究，2015（09）：142.
[63] 王珂．基于校企合作模式的学生教育管理研究［J］．枣庄学院学报，2015，32（04）：109-111.
[64] 王厚兵，钱治磊．校企合作模式下高职学生教育管理的思考［J］．湖北工业职业技术学院学报，2015，28（01）：23-25.
[65] 王海云．校企合作构建学生教育管理模式面临的问题及对策［J］．学周刊，2014，（35）：207.
[66] 张志勇，尹忠恺．合作教育学生教育管理面临的问题及对策［J］．辽宁工程技术大学学报（社会科学版），2012，14（6）：653-655.
[67] 牛国良．高职院校学生顶岗实习的实践探索与思考［J］．北京市经济管理干部学院学报，2012，27（2）：61-64.
[68] 李亚平．基于内部控制视角下高校财务管理研究［J］．财经界，2019（26）：102.
[69] 蒙晓雅．浅析内部控制与高校财务管理的关系[J].产业创新研究，2019(9):00127.
[70] 董策．关于高校财务管理内部控制的探讨［J］．现代营销旬刊，2019（1）：16.

[71] 黄辉．高职院校“三防一体”安全管理体系构建：基于沙洲职业工学院校园安全现状的调查［J］．沙洲职业工学院学报，2016（2）：60-64.

[72] 张军，李平权，陆风林．高职学生公寓安全管理的“四化”范式：基于滁州职业技术学院学生宿舍管理的实践［J］．河南科技学院学报，2015（10）：31-34.

[73] 刘苗苗．传统人事管理与现代人力资源管理的比较［J］．企业文化（下旬刊），2018（2）：9-10.

[74] 秦喆．传统人事管理与现代人力资源管理的比较研究［J］．现代商业，2017（3）：57-58.

[75] 林碧霞．互联网 + 与现代企业人力资源网络化管理［J］．人力资源管理，2018（8）：88-89.

[76] 孙震瑚．传统人事管理与现代人力资源管理的比较研究［J］．卷宗，2017（21）：44-45.

[77] 程勇．探析传统人事管理向现代人事管理的转变［J］．人才资源开发，2015（22）：77-78.

[78] 吕照光．传统人事管理与现代人力资源管理的应用研究［J］．河北企业，2017（10）：59-60.

[79] 牛文波．现代人力资源管理与传统人事管理的比较及启示［C］．2016 年第二届今日财富论坛论文集，2016-05-03.

[80] 张欣宇．对比分析现代人力资源管理与传统人事管理［J］．人力资源管理，2016（6）：56-57.

[81] 李君．事业单位人力资源管理存在的问题及对策［J］．中国乡镇企业会计，2016（11）：68-69.

[82] 张明明，孙百鸣，姜湄．校企“双主体”协同育人现代学徒制人才培养模式的探索与实践——以哈尔滨职业技术学院为例［J］．成人教育，2018（12）：72-75.

[83] 张智辉，韩志孝．基于现代学徒制的“校企合作、工学结合、顶岗实习”人才培养模式研究与实践［J］．中国职业技术教育，2016（22）：52-54.

[84] 王焕庭，李燕. 校企合作人才培养模式长效运行机制的思考与探索——以桐城师专为例［J］. 湖北农机化，2019（22）：30.

[85] 赵苗. “互联网+”背景下高职院校校企合作人才培养模式研究［J］. 现代经济信息，2019：341.

[86] 尹洪洁，李芳雪. “互联网+”时代校企合作人才培养模式探究——以早期教育专业为例［J］. 中国现代装备，2019（12）：98-99.

[87] 陆丽娜. “校企双导师”人才培养模式探究［J］. 船舶职业教育，2018（6）：12-13.

[88] 蒙晓雅. 浅析内部控制与高校财务管理的关系［J］. 产业创新研究，2019（9）.

[89] 李亚平. 基于内部控制视角下高校财务管理研究［J］. 财经界（学术版），2019（17）.

[90] 董策. 关于高校财务管理内部控制的探讨［J］. 现代营销（下旬刊），2019（4）.

[91] 林晓丹. 关于高校固定资产管理与核算的思考探究实践［J］. 纳税，2019（10）.

[92] 郭荔，王为民. “双一流”战略下省属高校固定资产管理队伍建设与思考［J］. 价值工程，2018（10）.

[93] 王琳霞. 关于高校固定资产精细化管理的思考［J］. 中国管理信息化，2015（4）.

[94] 张伟强. 大数据背景下的财务管理模式创新研究［J］. 当代会计，2019（4）.

[95] 刘慧. 基于信息化的高校财务管理创新模式分析［J］. 当代旅游（高尔夫旅行），2018（11）.

[96] 张钊. 探讨信息化背景下财务管理教学模式的创新策略［J］. 现代职业教育，2018（5）.

[97] 崔建国. 高职院校财务管理风险防控措施研究［J］. 黄河水利职业技术学院学报，2018（2）.

[98] 刘春花．高职院校财务管理的问题与对策［J］．科技信息，2011（16）．
[99] 周继东．高职院校财管风险的管理对策分析［J］．时代经贸（中旬刊），2008（S6）．
[100] 刘美华．高职院校财务管理风险的防范［J］．会计之友（下旬刊），2007（11）．
[101] 王宏伟，桂文龙，涂小丽，等．高职院校财务协同管理机制的若干问题研究［J］．中国职业技术教育，2018（15）．
[102] 林成喜，李倩．基于管理会计的高职院校财务风险预警机制分析［J］．金融经济，2016（22）．
[103] 刘小飞．新形势下高职院校行政管理体制改革创新模式的探析［J］．智库时代，2019（19）．
[104] 张在珍，宋从从，葛军营．信息化教学在高职《化工生产安全技术》教学中的应用——以《动火作业安全管理》教学设计为例［J］．天津化工，2019（06）．
[105] 林莹．信息化教学在高职仪器分析实验课程中的应用——以《气相色谱法对茶叶中菊酯类农药残留量的测定》教学设计为例［J］．化学工程与装备，2019（12）．
[106] 徐涵．德国中等职业教育教材建设与管理及启示［J］．比较教育研究，2018（4）：103-109.
[107] 夏翼．职业教育中计算机信息化教学的思考［J］．中国管理信息化，2019（24）．
[108] 徐建丽．高职院校教师信息化教学能力现状及提升策略研究［J］．电子世界，2019（23）．
[109] 周怡燕．“以赛促教、以赛促改”视角下信息化教学手段在课程教学中的运用［J］．江苏科技信息，2019（34）．
[110] 康铁钢．高职建筑类专业信息化教学改革与实践［J］．产业与科技论坛，2019（23）．
[111] 郑慧仙．高职院校信息化教学设计的探索与实践——以《座而论道之乘

车礼仪》一课为例［J］．文化创新比较研究，2019（35）．
［112］赵学瑶．高职教师信息化教学能力：现状调查与发展思考——基于全国23所高职院校的实证分析［J］．职教通讯，2019（19）．
［113］胡茜．信息化教学技术在中职教育中的应用［J］．计算机产品与流通，2020（11）．
［114］林涛，卢建飞．大数据：高职院校实现教学管理现代化的新途径［J］．职教论坛，2018（7）：61-65．
［115］张政利．高职院校教学管理制度改革——评《素质教育背景下高校教学管理制度改革的研究》［J］．中国高校科技，2020（3）：100．
［116］王寿斌．“百万扩招”背景下高职师资队伍建设的策略与问题预判［J］．职业教育，2019，4（12）：5-13．